Spansk Smakexplosion
En Kulinarisk Resa till Medelhavets Hjärta

Rafael Martínez

SAMMANFATTNING

PARMESAN MARINERAD ANSJOV OCH SARDINSALLAD .. 27
    INGREDIENSER 27
    BEHANDLING 27
    LURA 28

ZUCCHINISALLAD MED MYNTA, VALNÖTTER OCH BLUE OST 29
    INGREDIENSER 29
    BEHANDLING 29
    LURA 29

LAMMSSALLAD MED VATTENMELON, MOZZARELLA OCH SKINKA 30
    INGREDIENSER 30
    BEHANDLING 30
    LURA 30

KÅLSALLAD 31
    INGREDIENSER 31
    BEHANDLING 31
    LURA 31

KÅLSALLAD MED BETAMAJONNAIS 32
    INGREDIENSER 32
    BEHANDLING 32
    LURA 32

MARINERAD PERCÉS SALLAD 33
    INGREDIENSER 33

BEHANDLING 33

LURA 33

ENDIVESALLAD MED TORSK, TONFISK OCH ANSJOS 35

INGREDIENSER 35

BEHANDLING 35

LURA 35

ENDIVESALLAD MED SVAMP, RÄKOR OCH MANGO 37

INGREDIENSER 37

BEHANDLING 37

LURA 37

LAMMSSALLAD MED FRUKT, RÄKOR OCH HONINGSSENAP VINAIGRETT 39

INGREDIENSER 39

BEHANDLING 39

LURA 40

ENDIVESALLAD MED GRANATÄPLE OCH TONFISK 41

INGREDIENSER 41

BEHANDLING 41

LURA 41

HJÄRTSALLAD MED TONFISK OCH CASHEW 42

INGREDIENSER 42

BEHANDLING 42

LURA 42

SPENATSALLAD MED SVAMP, BACON OCH PARMESAN .. 43

INGREDIENSER 43

BEHANDLING 43

LURA 43

SPENATSALLAD MED PÄRONVINAIGRETT, BLUE OST OCH SENAP 44

    INGREDIENSER 44

    BEHANDLING 44

    LURA 44

KIKÄRTSALLAD MED TORSK OCH BASILICAALIOLI 46

    INGREDIENSER 46

    BEHANDLING 46

    LURA 46

ROSTAD GRÖNSÖKSSALAD MED RÖKT OST TORSK 47

    INGREDIENSER 47

    BEHANDLING 47

    LURA 48

SALLAD SALLAD MED GETOST OCH VALNÖTSVINAIGRETT 49

    INGREDIENSER 49

    BEHANDLING 49

    LURA 50

GRÖNSAKSSALLAD 51

    INGREDIENSER 51

    BEHANDLING 51

    LURA 51

LINS- OCH RÄKSALLAD 52

    INGREDIENSER 52

    BEHANDLING 52

LURA 52
PEPPERSALLAD MED OST OCH SKINKA 53
   INGREDIENSER 53
   BEHANDLING 53
   LURA 53
GRÖN SPARRISSALLAD MED SERRANO SKINKA 54
   INGREDIENSER 54
   BEHANDLING 54
   LURA 55
PASTASALLAD 56
   INGREDIENSER 56
   BEHANDLING 56
   LURA 57
POTATISSALLAD MED ANSJOS, BLUE OST OCH NÖTTER ... 58
   INGREDIENSER 58
   BEHANDLING 58
   LURA 59
ROSTAD PEPPERSALLAD MED TONFISK OCH LÖK 60
   INGREDIENSER 60
   BEHANDLING 60
   LURA 60
GREKISK SALLAD 61
   INGREDIENSER 61
   BEHANDLING 61
   LURA 61
MALAGA SALLAD 62

- INGREDIENSER 62
- BEHANDLING 62
- LURA 62
- MIMOSA SALLAD 63
  - INGREDIENSER 63
  - BEHANDLING 63
  - LURA 63
- NICOISESALLAD 64
  - INGREDIENSER 64
  - BEHANDLING 64
  - LURA 64
- KYCKLINGSALLAD MED FRUKT OCH CIDDERVINAIGRETTE 65
  - INGREDIENSER 65
  - BEHANDLING 65
  - LURA 66
- Bläckfisk, RÄKOR OCH AVOKADOSALLAD 67
  - INGREDIENSER 67
  - BEHANDLING 67
  - LURA 68
- ARUQUETTE MED RÖKT, ROSEN OCH VALNÖTSSÅS 69
  - INGREDIENSER 69
  - BEHANDLING 69
  - LURA 69
- PASTASALLAD MED FETA OCH MINTA 70
  - INGREDIENSER 70

BEHANDLING 70
LURA 70
RÄKA-, ANSJOVY OCH GRANATÄPPELSALAD 71
INGREDIENSER 71
BEHANDLING 71
LURA 72
ARUQUETTE MED PANCETTA, BLUE OST OCH VALNÖTTER. 73
INGREDIENSER 73
BEHANDLING 73
LURA 73
RÖKT LAX, RÄKOR, POTATIS OCH GRANATÄPPELSALLAD 74
INGREDIENSER 74
BEHANDLING 74
LURA 74
MOROTSSALLAD MED KONSERDA SARDINER 76
INGREDIENSER 76
BEHANDLING 76
LURA 76
WALDORF SALLAD 77
INGREDIENSER 77
BEHANDLING 77
LURA 77
POTATISSALLAD MED RÄKOR OCH GRANATÄPLE 78
INGREDIENSER 78
BEHANDLING 78
LURA 78

CESAR SALLAD 79
    INGREDIENSER 79
    BEHANDLING 79
    LURA 80
PIPIRRANA MURCIANO 81
    INGREDIENSER 81
    BEHANDLING 81
    LURA 81
ARUQUETTE MED MANGO, KYCKLING OCH PISTACH 82
    INGREDIENSER 82
    BEHANDLING 82
    LURA 82
JULIANNE SOPPAN 83
    INGREDIENSER 83
    BEHANDLING 83
    LURA 83
VIT MALAGUENO VITLÖK 84
    INGREDIENSER 84
    BEHANDLING 84
    LURA 84
KRÄM AV ROSTADE RÖDA PAPPOR 85
    INGREDIENSER 85
    BEHANDLING 85
    LURA 85
KRABBBISKET 86
    INGREDIENSER 86

BEHANDLING 86

LURA 87

KONSUMTION AV KYCKLING MED ÄPPLE 88

    INGREDIENSER 88

    BEHANDLING 88

    LURA 88

ANTEQUERA MÅL 89

    INGREDIENSER 89

    BEHANDLING 89

    LURA 89

SAINT-GERMAIN-KRÄM 90

    INGREDIENSER 90

    BEHANDLING 90

    LURA 90

KAKS- OCH RÄKSOPPA 91

    INGREDIENSER 91

    BEHANDLING 91

    LURA 91

CASTILA Kikärtsgrädde 92

    INGREDIENSER 92

    BEHANDLING 92

    LURA 92

FISKSOPPA 93

    INGREDIENSER 93

    BEHANDLING 93

    LURA 93

- TORSKKRÄM 94
  - INGREDIENSER 94
  - BEHANDLING 94
  - LURA 94
- KRÄM AV BROCCOLI MED GRILLAD BACON 96
  - INGREDIENSER 96
  - BEHANDLING 96
  - LURA 96
- GAZPACHO MANCHEGO 97
  - INGREDIENSER 97
  - BEHANDLING 97
  - LURA 97
- ZUCCHINI-KRÄM 98
  - INGREDIENSER 98
  - BEHANDLING 98
  - LURA 98
- CASTILLANSOPPA 99
  - INGREDIENSER 99
  - BEHANDLING 99
  - LURA 99
- PUMPAKRÄM 100
  - INGREDIENSER 100
  - BEHANDLING 100
  - LURA 100
- KRÄM AV GRÖN SPARRIS MED RÖKT LAX 101
  - INGREDIENSER 101

BEHANDLING 101

LURA 101

KRÄMD SPENAT MED LIM 102

INGREDIENSER 102

BEHANDLING 102

LURA 103

ANDALUSISK GAZPACHO 104

INGREDIENSER 104

BEHANDLING 104

LURA 104

BÖNKRÄMME OCH PAPRIKA MED SKINKSALT 105

INGREDIENSER 105

BEHANDLING 105

LURA 106

MELONGKRÄM MED SKINKA OCH POTATIS 107

INGREDIENSER 107

BEHANDLING 107

LURA 107

KRÄME AV POTATIS MED CHORIZO 108

INGREDIENSER 108

BEHANDLING 108

LURA 108

KRÄM AV PÄRON OCH POTATISKONFERENS 109

INGREDIENSER 109

BEHANDLING 109

LURA 109

PULOLOCKKRÄM 110
    INGREDIENSER 110
    BEHANDLING 110
    LURA 110
KRÄME AV SVAMP OCH PARMESANFLINGOR 111
    INGREDIENSER 111
    BEHANDLING 111
    LURA 111
TOMATSOPPA 112
    INGREDIENSER 112
    BEHANDLING 112
    LURA 112
KALL MELONGKRÄM 113
    INGREDIENSER 113
    BEHANDLING 113
    LURA 113
RÖTKRÄM 114
    INGREDIENSER 114
    BEHANDLING 114
    LURA 114
FACING CREAM 115
    INGREDIENSER 115
    BEHANDLING 115
    LURA 115
CLAM CREAM 116
    INGREDIENSER 116

BEHANDLING 116

LURA 117

CHOKLADKANIN MED ROSTADE MANDLAR 118

    INGREDIENSER 118

    BEHANDLING 118

    LURA 119

PANERAD LAMM CRIADILLA MED FINA Örter 120

    INGREDIENSER 120

    BEHANDLING 120

    LURA 120

Milanesisk eskalop 121

    INGREDIENSER 121

    BEHANDLING 121

    LURA 121

JARDINERA KÖTTGRYTA 122

    INGREDIENSER 122

    BEHANDLING 122

    LURA 123

FLAMENCO 124

    INGREDIENSER 124

    BEHANDLING 124

    LURA 124

KALVKÖTT FRICAND 125

    INGREDIENSER 125

    BEHANDLING 125

    LURA 126

CHORIZO OCH KORVGRÖT 127
    INGREDIENSER 127
    BEHANDLING 127
    LURA 128
ROVA LÖV LACON 129
    INGREDIENSER 129
    BEHANDLING 129
    LURA 129
KALVLEVER MED RÖTT VIN 131
    INGREDIENSER 131
    BEHANDLING 131
    LURA 131
Hargryta 133
    INGREDIENSER 133
    BEHANDLING 133
    LURA 134
FISKAD FLÄSKLICK 135
    INGREDIENSER 135
    BEHANDLING 135
    LURA 135
MAL SÅS 136
    INGREDIENSER 136
    BEHANDLING 136
    LURA 136
KOTADE FLÄSKNAPPAR 137
    INGREDIENSER 137

BEHANDLING 137

LURA 138

SMULAR 139

INGREDIENSER 139

BEHANDLING 139

LURA 139

FYLLD FISKARKAR 140

INGREDIENSER 140

BEHANDLING 140

LURA 141

CARBONARA KALVKÖTT 142

INGREDIENSER 142

BEHANDLING 142

LURA 143

LAMMBRÖD MED CEPS 144

INGREDIENSER 144

BEHANDLING 144

LURA 145

OXOBUCO KALVKÖTT MED Apelsin 146

INGREDIENSER 146

BEHANDLING 146

LURA 147

VINKORV 148

INGREDIENSER 148

BEHANDLING 148

LURA 148

ENGELSK KÖTTPAJ 149
    INGREDIENSER 149
    BEHANDLING 149
    LURA 150
BRÄSAT RUND AV KALVKÖTT 151
    INGREDIENSER 151
    BEHANDLING 151
    LURA 152
RENÉ I JEREZ 153
    INGREDIENSER 153
    BEHANDLING 153
    LURA 154
Milanesisk ossobuco 155
    INGREDIENSER 155
    BEHANDLING 155
    LURA 156
IBERISK HEMLIGHET MED HEMMACKAD CHIMICHURRI-SÅS ... 157
    INGREDIENSER 157
    BEHANDLING 157
    LURA 157
KALVKÖTT MED TONFISK 159
    INGREDIENSER 159
    BEHANDLING 159
    LURA 160
OXEN SVANS 161
    INGREDIENSER 161

    BEHANDLING... 161

        LURA 162

brownies 163

    INGREDIENSER 163

    BEHANDLING... 163

    LURA 163

CITRONMINTSORBET 164

    INGREDIENSER 164

    BEHANDLING... 164

    LURA 164

ASTURISKT RIS MED MJÖLK 165

    INGREDIENSER 165

    BEHANDLING... 165

    LURA 165

BANANKOMPOTTE MED ROSmarin 166

    INGREDIENSER 166

    BEHANDLING... 166

    LURA 166

CREMES BRULÉES 167

    INGREDIENSER 167

    BEHANDLING... 167

    LURA 167

ZIGANARARM SPOPPAD MED KRÄM 168

    INGREDIENSER 168

    BEHANDLING... 168

    LURA 168

ÄGGFLAN 169
    INGREDIENSER 169
    BEHANDLING 169
    LURA 169
JORDGubbs CAVA JELLY 170
    INGREDIENSER 170
    BEHANDLING 170
    LURA 170
FRITERAD 171
    INGREDIENSER 171
    BEHANDLING 171
    LURA 171
COCA DE SAINT JEAN 172
    INGREDIENSER 172
    BEHANDLING 172
    LURA 173
KUPP PÄRONKOMPOT MED MASCARPONE 174
    INGREDIENSER 174
    BEHANDLING 174
    LURA 175
FLÖDANDE AU CHOKLAD 176
    INGREDIENSER 176
    BEHANDLING 176
    LURA 176
MOROT OCH OSTKAKA 177
    INGREDIENSER 177

BEHANDLING 177

    LURA 178

Katalansk grädde 179

    INGREDIENSER 179

    BEHANDLING 179

    LURA 179

FATTIGA RIDDARE 181

    INGREDIENSER 181

    BEHANDLING 181

    LURA 181

TJOCK VANILJSÅS 182

    INGREDIENSER 182

    BEHANDLING 182

    LURA 182

Coconut Peach Flan 183

    INGREDIENSER 183

    BEHANDLING 183

    LURA 183

VIT CHOKLAD OCH FRUKTFOND 184

    INGREDIENSER 184

    BEHANDLING 184

    LURA 184

RÖDA FRUKTER I SÖTT VIN MED MINTA 184

    INGREDIENSER 185

    BEHANDLING 185

    LURA 185

INTXAURSALSA (NÖTKRÄM) 186
    INGREDIENSER 186
    BEHANDLING 186
    LURA 186
MERENGUÉ MJÖLK 187
    INGREDIENSER 187
    BEHANDLING 187
    LURA 187
KATTSPRÅK 188
    INGREDIENSER 188
    BEHANDLING 188
    LURA 188
Apelsinkakor 188
    INGREDIENSER 189
    BEHANDLING 189
    LURA 189
PORTROSTADE ÄPPLEN 190
    INGREDIENSER 190
    BEHANDLING 190
    LURA 190
KOKT MARÄNG 191
    INGREDIENSER 191
    BEHANDLING 191
    LURA 191
GRÄDDE 192
    INGREDIENSER 192

- BEHANDLING..192
  - LURA..192
- PANNA COTTA LILA GODIS 194
  - INGREDIENSER..194
  - BEHANDLING..194
  - LURA..194
- CITRUSCOOKIES...195
  - INGREDIENSER..195
  - BEHANDLING..195
  - LURA..196
- MANGAPASTER...197
  - INGREDIENSER..197
  - BEHANDLING..197
  - LURA..197
- VIN POCHERADE PÄRON 198
  - INGREDIENSER..198
  - BEHANDLING..198
  - LURA..198
- ALASKA PAJ..199
  - INGREDIENSER..199
  - BEHANDLING..199
  - LURA..199
- PUDDING 201
  - INGREDIENSER..201
  - BEHANDLING..201
  - LURA..201

TOMATKROSSAR 202
　INGREDIENSER 202
　BEHANDLING 202
　LURA 202
ROBERTO SÅS 203
　INGREDIENSER 203
　BEHANDLING 203
　LURA 203
ROSA SÅS 204
　INGREDIENSER 204
　BEHANDLING 204
　LURA 204
FISKVÄSKA 205
　INGREDIENSER 205
　BEHANDLING 205
　LURA 205
TYSK SÅS 206
　INGREDIENSER 206
　BEHANDLING 206
　LURA 206
MODIG SÅS 207
　INGREDIENSER 207
　BEHANDLING 207
　LURA 208
FONDANTBULJON (KYCKLING ELLER NÖTKÖTT) 209
　INGREDIENSER 209

BEHANDLING 209
    LURA 210
PICON MOJO 211
    INGREDIENSER 211
    BEHANDLING 211
    LURA 211
PESTO SÅS 212
    INGREDIENSER 212
    BEHANDLING 212
    LURA 212
SÖTSUR SÅS 213
    INGREDIENSER 213
    BEHANDLING 213
    LURA 213
GRÖN MOJITO 214
    INGREDIENSER 214
    BEHANDLING 214
    LURA 214
BÉCHAMELSÅS 215
    INGREDIENSER 215
    BEHANDLING 215
    LURA 215
JÄGARSÅS 216
    INGREDIENSER 216
    BEHANDLING 216
    LURA 216

AIOLI-SÅS 217
    INGREDIENSER 217
    BEHANDLING 217
    LURA 217

PARMESAN MARINERAD ANSJOV OCH SARDINSALLAD

INGREDIENSER

100 g **parmesan**

75 g **oliver**

75 g **nötter**

10 **marinerade sardiner**

10 **ansjovis**

1 **vitlöksklyfta**

1 **gurka**

1 **ny lök**

½ **endivi**

Vinäger

Olivolja

salt

BEHANDLING

Tvätta och desinficera escarole. Gnid den halverade vitlöken över ytan på en salladsskål.

Skala gurkan och skär den i tunna strimlor. Skär parmesanspånen på samma sätt. Lägg till det i escarole. Urkärna oliverna och skär dem i fjärdedelar. Skär löken i tunna julienneremsor.

Avsluta monteringen av salladen med valnötter, oliver, sardiner och ansjovis. Krydda med en vinägrett av olja, vinäger och salt.

LURA

De vanliga proportionerna för vinägretter är 3 delar olja till 1 del vinäger plus en nypa salt.

ZUCCHINISALLAD MED MYNTA, VALNÖTTER OCH BLUE OST

INGREDIENSER

2 zucchini

200 g ädelost

100 g valnötter

8 myntablad

1 cayennepepp

2 matskedar citronsaft

6 matskedar extra virgin olivolja

Salt och peppar

BEHANDLING

Tvätta zucchinin och skär dem i tunna strimlor med hjälp av en potatisskalare. Ta även bort de tunna remsorna av parmesan och mynta. Skär osten och nötterna i små bitar.

Gör en vinägrett av oljan, citronsaften, finhackad cayennepeppar, salt och peppar.

Blanda alla ingredienser och smaka av med vinägretten.

LURA

Sallader ska kläs i sista minuten. Annars blir ingredienserna blöta och inte krispiga.

LAMMSSALLAD MED VATTENMELON, MOZZARELLA OCH SKINKA

INGREDIENSER

1 påse lammsallat

175 g mozzarellabollar

100 g Serranoskinka

½ vattenmelon

½ knippe basilika

3 matskedar vinäger

Olivolja

Salt och peppar

BEHANDLING

Samla vattenmelonbollarna med ett slag. Lägg kanonerna i en salladsskål, lägg mozzarella- och vattenmelonbollarna ovanpå. Skär skinkan i strimlor och lägg i salladen. Blanda ingredienserna.

Hacka basilikan i lite olja. Gör en vinägrett med 9 msk basilikaolja och 3 msk vinäger.

Klä salladen och smaka av med salt och peppar.

LURA

En mycket originell och uppfriskande aperitif består av att doppa vattenmelonbollarna i 24 timmar i valfri dryck (sangria, mojito, etc.).

KÅLSALLAD

INGREDIENSER
½ **vitkål**
4 **matskedar grädde**
2 **matskedar majonnäs**
1 **matsked senap**
1 **tesked vinäger**
½ **liten ny lök**
2 **morötter**
1 **äpple**
salt

BEHANDLING
Skär kål, morötter, vårlök och äpple i mycket tunna strimlor.

Blanda grädde, majonnäs, senap och vinäger i en skål med stjälk.

Krydda salladen med såsen, tillsätt salt efter smak och blanda väl.

LURA
Låt vila i minst 2 timmar i kylen och ta bort eventuell vätska som kan rinna ut.

KÅLSALLAD MED BETAMAJONNAIS

INGREDIENSER

175 g kål

175 g rödkål

75 g majonnäs

1 stor morot

2 stora vårlökar

1 äpple

½ kokt betor

Salt och peppar

BEHANDLING

Skala vitkålen och vitkålen och skär dem i mycket tunna strimlor.

Skala och julienne moroten och vårlöken. Skala, kärna ur och riv äpplet.

Blanda rödbetan med majonnäsen. Blanda allt i en skål och krydda.

LURA

Låt vila i minst 2 timmar i kylen och ta bort eventuell vätska som kan rinna ut.

MARINERAD PERCÉS SALLAD

INGREDIENSER

4 rapphöns

2 glas vitt vin

1 romansallat

1 vitlöksklyfta

1 lagerblad

1 morot

1 purjolök

Mjöl

1 glas vinäger

Olivolja

Salt och pepparkorn

BEHANDLING

Mjöla, krydda och bryn rapphönsen i en kastrull. Ta ut och reservera.

Bryn morot och purjolök skuren i stavar och den hackade vitlöken i samma olja. När grönsakerna är möra, tillsätt 1 glas olja, vinägern och vinet. Tillsätt lagerblad och peppar, smaka av med salt och koka i 5 minuter.

Tillsätt rapphönsen och koka i ytterligare 35 minuter på låg värme eller tills de är mjuka. Låt vila täckt av elden.

Rengör och desinficera salladen. Skär den i tunna strimlor och lägg i de benfria rapphönsen. Krydda med inläggningen.

LURA

Marinering är ett bra sätt att konservera mat.

ENDIVESALLAD MED TORSK, TONFISK OCH ANSJOS

INGREDIENSER

1 endiv

350 g avsaltad torsk

25 g rostade hasselnötter

1 liten burk urkärnade svarta oliver

1 burk tonfisk i olja

1 burk ansjovis

2 vitlöksklyftor

6 matskedar olivolja

2 matskedar vinäger

salt

BEHANDLING

Rengör och desinficera endiven. Skär den i medelstora bitar och håll den åt sidan.

Koka torsken i 2 minuter, ta bort den och smula sönder den.

Skär vitlöken i små bitar och bryn den lätt i oljan. Tillsätt vinägern från värmen.

Lägg escarole, oliver, smulad torsk, tonfisk och ansjovis i en salladsskål. Krydda med olja med vitlök och smaka av med salt.

Lägg de hackade hasselnötterna ovanpå.

LURA

Du kan också lägga till några granatäpplekärnor. Det kommer att ge salladen en söt och syrlig touch på samma gång.

ENDIVESALLAD MED SVAMP, RÄKOR OCH MANGO

INGREDIENSER

½ **endivi**

150 g **svamp, filéad och rensad**

150 g **Burgos ost**

16 **kokta och skalade räkor**

1 **mogen mango**

1 **matsked senap**

12 **matskedar olivolja**

3 **matskedar vinäger**

Salt och peppar

BEHANDLING

Tvätta och desinficera escarole och skär den i medelstora bitar.

Skala och skär mangon i medelstora tärningar. Skär osten i kuber av samma storlek.

Servera salladen med endive, ost, mango, svamp och rensade och filéade räkor.

Vispa olja, vinäger, senap, salt och peppar och krydda salladen med denna vinägrett.

LURA

För att göra endiven krispigare, förvara den i isvatten i 5 minuter efter att du tvättat den.

LAMMSSALLAD MED FRUKT, RÄKOR OCH HONINGSSENAP VINAIGRETT

INGREDIENSER

1 påse lammsallat

150 g ädelost

75 g nötter

12 kokta och skalade räkor

2 matskedar senap

1 matsked honung

8 jordgubbar

2 kiwi

½ mango

12 matskedar olivolja

3 matskedar vinäger

Salt och peppar

BEHANDLING

Skär all frukt i vanliga tärningar och förvara i kylen. Förbered dressingen genom att vispa olja, vinäger, senap, honung, salt och peppar i en skål.

Skylt en copyrightskylt. Lägg frukten ovanpå och avsluta med räkorna. Sås med vinägrett.

LURA
Sallader ska kläs i sista minuten. Annars blir ingredienserna blöta och inte krispiga.

ENDIVESALLAD MED GRANATÄPLE OCH TONFISK

INGREDIENSER

1 endiv

150 g konserverad tonfisk

1 liten riven tomat

1 vitlöksklyfta

1 granatäpple

6 matskedar olivolja

2 matskedar vinäger

Salt och peppar

BEHANDLING

Skär vitlöken på mitten och gnugga salladsskålen tills den är väl genomblöt.

Skär endiven, skala granatäpplet och tillsätt riven tomat och tonfisk.

Gör en vinägrett med olja, vinäger, salt och peppar. Toppa med escarole och blanda väl så att smakerna absorberas.

LURA

Ett annat alternativ är att skära vitlöken i små bitar och bryn den lätt i olja. Sedan dressas salladen med denna varma vinägrett.

HJÄRTSALLAD MED TONFISK OCH CASHEW

INGREDIENSER

4 ädelstenar

150 g konserverad tonfisk i olja

100 g rostade cashewnötter

1 tsk söt paprika

2 vitlöksklyftor

färgglada körsbärstomater

svarta oliver

12 matskedar olja

4 matskedar vinäger

salt

BEHANDLING

Rengör knopparna, skär dem i fjärdedelar och lägg dem i ett serveringsfat.

Hacka vitlöken fint och bryn den i en panna med oljan. Tillsätt cashewnötterna, paprikan och vinägern.

Tillsätt tonfisken, oliverna och tomaterna i hjärtan och smaka av med den varma vinägretten.

LURA

Fräs paprikan i bara 5 sekunder innan du tillsätter vinägern; om den är överstekt bränns den och dressingen blir bitter.

SPENATSALLAD MED SVAMP, BACON OCH PARMESAN

INGREDIENSER

1 påse färsk spenat
100 g bacon
50 g färsk svamp
30 g riven parmesan
2 matskedar senap
1 matsked citronsaft
9 matskedar olivolja
Salt och peppar

BEHANDLING

Skär baconet i strimlor och bryn det i en panna utan olja.

Lägg spenaten, rengjorda och skivade champinjoner, parmesan och pancetta i en salladsskål.

Blanda olja, senap, citronsaft, salt och peppar och krydda salladen med denna vinägrett. Dra tillbaka.

LURA

Du kan också lägga hackade valnötter och mandel till salladen.

SPENATSALLAD MED PÄRONVINAIGRETT, BLUE OST OCH SENAP

INGREDIENSER

2 päron

150 g ädelost

100 g spenat

75 g nötter

½ vårlök

1 matsked dijonsenap

1 matsked citronsaft

1 matsked vinäger

9 matskedar olivolja

Salt och peppar

BEHANDLING

Skala och halvera päronen och skär dem sedan i tunna skivor. Skiva även löken fint och skär osten i tärningar.

Blanda ihop olja, vinäger, senap, citronsaft, salt och peppar.

Montera salladen med spenat, päron, vårlök och ost. Ringla över vinägretten och lägg de hackade valnötterna ovanpå.

LURA

Du kan använda nötter, frukt och ost som vi gillar mest.

KIKÄRTSALLAD MED TORSK OCH BASILICAALIOLI

INGREDIENSER

500 g kokta kikärter

500 g avsaltad torsk

250 ml mjölk

1 tsk paprika

2 vitlöksklyftor

1 ny lök

1 grön paprika

8 basilikablad

Aliolisås (se avsnittet Buljonger och såser)

BEHANDLING

Koka torsken i mjölken i 2 minuter. Ta ut från ugnen, torka och smula.

Skär lök, vitlök och paprika i små bitar. Koka grönsakerna i 15 minuter på låg värme med en klick olja och tillsätt sedan paprikan. Blanda kikärtorna med såsen och smaka av med salt.

Blanda basilikabladen med aioli tills du får en krämig sås.

Lägg upp kikärtorna på en tallrik, lägg torsken ovanpå och ringla över 1 msk basilikaaioli.

LURA

Detta kan göras med rökt torsk. Resultatet är utsökt.

ROSTAD GRÖNSÖKSSALAD MED RÖKT OST TORSK

INGREDIENSER

150 g rökt torsk

10 svarta oliver

4 röda paprika

3 vitlöksklyftor

2 auberginer

1 ny lök

Vinäger

150 ml olivolja

salt

BEHANDLING

Rengör grönsakerna, smörj dem med olja och koka dem med vitlöken inlindad i folie i 160°C i 1 timme. Låt rinna av och täck paprikorna så att de svettas.

Skala aubergine och paprika och skär dem i strimlor. Julienne även löken.

Blanda vitlök och oliver med oljan.

Lägg upp grönsakerna på en tallrik, salta, tillsätt torsk och olivolja och smaka av med lite vinäger.

LURA

Att svetta paprikan innebär att täcka över dem direkt efter tillagning med en trasa eller matfilm eller aluminiumfolie. Så avdunstning gör borttagning av huden mycket lättare.

SALLAD SALLAD MED GETOST OCH VALNÖTSVINAIGRETT

INGREDIENSER

1 påse blandad sallad

100 g bacon

50 g valnötter

50 g mandel

50 g hasselnötter

2 skedar honung

4 skivor getost

15 körsbärstomater

8 soltorkade tomater i olja

1 ny lök

125 ml jungfruolja

45 ml Modena vinäger

BEHANDLING

Bryn nötterna i oljan. Tillsätt Modena-vinägern och skedarna honung. Hacka, men lämna bitar hela.

Bryn ostskivorna på båda sidor i en het panna. Ta ut och reservera. Bryn pancetan skuren i strimlor i samma panna.

Skär löken i julienne.

Sätt ihop salladen med den blandade salladen, hackade körsbärstomater, bacon, vårlök och ost. Smaka av med den torkade fruktvinägretten.

LURA

Du kan lägga till några parmesanspån och tärningar av stekt bröd.

GRÖNSAKSSALLAD

INGREDIENSER

700 g kokta baljväxter (kikärter, vita bönor, etc.)
1 liten lök
½ röd paprika
½ grön paprika
1 stor tomat
3 burkar konserverad tonfisk
12 matskedar olivolja
4 matskedar vinäger
salt

BEHANDLING

Skär tomat, paprika och lök i mycket små bitar. Blanda med tonfisken och de avrunna och tvättade grönsakerna, smaka av med olja, vinäger och salt.

LURA

Idealisk för att äta baljväxter på sommaren och för att göra dem lättare för små att äta.

LINS- OCH RÄKSALLAD

INGREDIENSER

250 g kokta linser
12 kokta räkor
2 matskedar senap
3 kvistar gräslök
1 stor tomat
1 ny lök
6 matskedar olivolja
½ matsked vinäger
Salt och peppar

BEHANDLING

Skala tomaten och skär den i små bitar. Skär även vårlöken i små bitar och finhacka gräslöken.

Blanda lök, tomat, gräslök och kokta linser i en skål.

Vispa oljan med senap, vinäger och peppar.

Krydda salladen med vinägretten, blanda och smaka av med salt. Servera med de skalade räkorna ovanpå.

LURA

Det är bäst att förbereda den dagen innan så att salladen får mer smak.

PEPPERSALLAD MED OST OCH SKINKA

INGREDIENSER

250 g kokt skinka
150 g Manchego ost
250 ml majonnäs
2 grön paprika
2 röda paprika
2 tomater
½ sallad
Olivolja
salt

BEHANDLING

Skär paprikan i tunna strimlor och tärna skinka och ost.

Bryn paprikan i en mycket het panna i 5 minuter. Boka.

Rengör och desinficera salladen och skär den i tunna strimlor. Lägg den i botten av en salladsskål och arrangera sedan tomatskivorna ovanpå paprika, skinka och ost. Majonnässås.

LURA

För att få en originalsås, blanda 1 matsked curry med majonnäs.

GRÖN SPARRISSALLAD MED SERRANO SKINKA

INGREDIENSER

1 knippe grön sparris
1 matsked honung
4 skivor serranoskinka
2 italienska gröna paprikor
2 vårlökar
1 ekbladssallat
russin
11 matskedar olivolja
3 matskedar Modena vinäger
Salt och peppar

BEHANDLING

Rengör, desinficera och skär salladen i medelstora bitar. Boka.

Skär sparrisen i tunna strimlor med en potatisskalare. Bryn dem i 30 sekunder i en mycket het panna med 2 matskedar olja. Smaka av med salt och ställ åt sidan.

Finhacka paprikan och vårlöken. Skär serranoskinkan i strimlor och bryn den. Gör en vinägrett med resterande olja, vinäger, honung, salt och peppar.

Lägg upp salladen på en tallrik, lägg paprikan och vårlöken ovanpå. Tillsätt den varma sparrisen, serranoskinkan, en näve russin och smaka av med vinägretten.

LURA
För att göra salladen slätare och krispigare, lägg den i isvatten tills den ska serveras på tallriken.

PASTASALLAD

INGREDIENSER

200 g spiraler

300 g Manchego ost

300 g Yorkskinka

50 g urkärnade gröna oliver

4 burkar konserverad tonfisk

1 burk piquillopeppar

10 ansjovis

3 hårdkokta ägg

2 morötter

2 tomater

1 ny lök

Rosésås (se avsnittet Buljonger och såser)

BEHANDLING

Koka pastan i en stor mängd saltat vatten. Låt rinna av, fräscha upp och kyl.

Riv morötterna. Finhacka vårlöken och tomaterna. Skär piquillopeppar, ägg och ansjovis i små bitar och tärna Manchegoosten och Yorkskinkan.

Blanda pastan med alla ingredienser och smaka av med den rosa såsen.

LURA

Du kan också lägga till hackad basilika, sockermajs och 1 tsk paprika.

POTATISSALLAD MED ANSJOS, BLUE OST OCH NÖTTER

INGREDIENSER

4 stora potatisar

25 g ädelost

4 matskedar majonnäs

15 ansjovis

3 hårdkokta ägg

1 tomat

Nötter

Mjölk

Olivolja

grovt salt

BEHANDLING

Skala och skär potatisen i tjocka skivor och koka den i kallt vatten på låg värme, undvik att de går sönder. Låt rinna av och svalna.

Skala tomaten och skär den i tunna skivor. Blanda osten med majonnäsen och lite mjölk.

Servera potatisen med lite grovt salt och olja. Ordna tomatskivorna och ansjovisen ovanpå. Ringla till sist över ostsås och garnera med en näve hackade nötter.

LURA

En annan version är att lägga till några remsor av rostad röd paprika i salladen tillsammans med 1 finhackad vitlök.

ROSTAD PEPPERSALLAD MED TONFISK OCH LÖK

INGREDIENSER

4 stora röda paprikor
3 burkar konserverad tonfisk
2 vitlöksklyftor
2 vårlökar
Vinäger
Olivolja
salt

BEHANDLING

Tryck in stjälken på paprikan och ta bort kärnorna. Häll lite olja i en stekpanna och lägg paprikorna även smorda med olja. Grädda i 160°C i 90 minuter och vänd halvvägs genom tillagningen.

Skär under tiden vårlöken och vitlöken mycket fint i små bitar.

När paprikorna är grillade täcker du dem med plastfolie i 40 minuter så att de svettas.

Skär paprikan i strimlor, tillsätt vårlöken, vitlöken och tonfisken. Smaksätt med olja, vinäger och salt och använd buljongen från tillagningen för att dressa salladen.

LURA

Skalet på paprikorna kan stekas på medelvärme och få knapriga kristaller perfekta för dekoration.

GREKISK SALLAD

INGREDIENSER
500 **g fetaost**
1 **matsked oregano**
5 **gurkor**
2 **stora tomater**
Svarta oliver med ben
Olivolja
salt

BEHANDLING
Skala och skär gurkorna i medelstora tärningar. Hacka fetaosten och tomaterna i samma storlek.

Kombinera gurka, ost, tomater, svarta oliver och oregano i en salladsskål. Krydda med olivolja och salt.

LURA
Du kan lägga till lite vinäger. Om tomaterna skalas innan de skärs blir den slutliga konsistensen mycket behaglig.

MALAGA SALLAD

INGREDIENSER

1 kg potatis

150 g konserverad tonfisk (eller rökt torsk)

50 g svarta oliver

1 msk sherryvinäger

2 apelsiner

2 ägg

1 ny lök

3 matskedar olivolja

salt

BEHANDLING

Julienne löken. Skär potatisen i medelstora bitar och koka tills den är mjuk. Koka även äggen i 10 minuter. Kyl och skala.

Ta bort segmenten från apelsinen och rengör det vitaktiga skalet.

Sätt ihop salladen med den kokta potatisen, skivade ägg, vårlök, hela svarta oliver, rökt tonfisk eller torsk och apelsinskivor. Smaksätt med en vinägrett av olja, vinäger och en nypa salt och rör om.

LURA

Du kan också lägga till några myntablad.

MIMOSA SALLAD

INGREDIENSER

1 **stor romainesallat**

250 **g druvor**

¼ **liter grädde**

3 **medelstora bananer**

3 **stora apelsiner**

1 **kokt ägg**

saft av ¼ **citron**

Salt och peppar

BEHANDLING

Rengör salladen och skär den i stora bitar. Skala och skär bananerna i skivor. Skala apelsinerna, skär dem i fjärdedelar och ta bort den vita filmen som täcker dem.

Montera salladen med sallad, frukt och hackat ägg ovanpå.

Smaka av med en gräddbaserad sås, citronsaft, salt och peppar.

LURA

För att förhindra att bananen svartnar, strö den med citronsaft när du skär den.

NICOISESALLAD

INGREDIENSER

500 g potatis

500 g tomater

250 g gröna bönor

120 g svarta oliver

1 matsked senap

15 ansjovis

10 matskedar olivolja

3 matskedar vinäger

Salt och socker

BEHANDLING

Skala och skär potatisen i lika stora skivor och koka den på medelvärme, undvik att bryta den, tills den är mjuk.

Putsa ändarna och kanterna på bönorna. Skär dem i enhetliga bitar och koka dem i rikligt med kokande vatten tills de är mjuka. Fräscha upp med kallt vatten eller is.

Lägg potatisen, tomaterna i 8 st, bönorna i en salladsskål och arrangera oliverna och ansjovisen ovanpå.

Gör en vinägrett genom att blanda oljan med vinäger, senap, salt och en nypa socker. Sås på toppen

LURA

Du kan byta ut ansjovisen mot goda konserverade sardiner.

KYCKLINGSALLAD MED FRUKT OCH CIDDERVINAIGRETTE

INGREDIENSER

1 **kycklingbröst**

80 **g ädelost**

4 **matskedar naturlig cider**

10 **plommon**

3 **kottar**

3 **apelsiner**

1 **lollo rosso sallad**

12 **matskedar olivolja**

1 **matsked vinäger**

Salt och peppar

BEHANDLING

Rengör, desinficera och skär salladen i medelstora bitar och förvara i isvatten.

Koka kycklingbröstet i 15 min. Ta ut ur ugnen, låt svalna och skär i strimlor.

Skala apelsinerna och ta bort kvartarna, undvik att skalet täcker dem. Skala och skär äpplena i stavar.

Gör en vinägrett med olja, vinäger, cider, salt och peppar.

Lägg upp salladen på en tallrik, arrangera äpplena, kycklingen och apelsinerna ovanpå, smula sedan ner gorgonzolan och tillsätt katrinplommonen. Sås med vinägrett.

LURA
Lägger du till sauterad bläckfisk får du en komplett sallad som kan ätas i en rätt.

Bläckfisk, RÄKOR OCH AVOKADOSALLAD

INGREDIENSER

1 **bläckfiskben**

12 **kokta och skalade räkor**

1 **mogen avokado**

1 **tomat**

½ **vårlök**

1 **citron**

färsk koriander

extra virgin olivolja

salt

BEHANDLING

Koka upp det saltade vattnet i en kastrull. Skrämma bläckfiskbenet 3 gånger och sänk det sedan helt. Sänk värmen och koka i ca 40-45 minuter. Skölj med kallt vatten, låt rinna av och torka. Skär låret i skivor och krydda med salt och peppar.

Skala avokadon, ta bort benet och skär den i stora tärningar. Skär löken i mycket tunna julienne-remsor. Ta bort kärnorna från tomaten och skär den i tärningar. Skär räkorna på mitten och hacka fint med en näve koriander.

Blanda alla ingredienser och smaka av med citronsaft, salt och olivolja.

LURA

Att skrämma bläckfisken innebär att doppa den 3 gånger i kokande vatten för att göra den mör.

ARUQUETTE MED RÖKT, ROSEN OCH VALNÖTSSÅS

INGREDIENSER

150 g rengjord ruccola

125 g rökt öring

100 g rökt torsk

100 g rökt lax

75 g rosésås (se avsnittet Buljonger och såser)

25 g ansjovis

20 g krossade valnötter

1 kokt ägg

BEHANDLING

Skär alla ingredienser i tunna strimlor. Blanda med ruccolan, krossade valnötter och rosa sås. Servera och dekorera med det hackade hårdkokta ägget.

LURA

Du kan använda vilken sallad eller groddar du föredrar, som lammsallat, romansallad, ekblad osv.

PASTASALLAD MED FETA OCH MINTA

INGREDIENSER

500 g pasta

250 g fetaost

½ knippe färsk mynta

3 mogna tomater

parmesanost

urkärnade svarta oliver

Reduktion av Modena-vinäger

Olivolja

BEHANDLING

Koka pastan i rikligt med kokande saltat vatten och när den är klar, låt den rinna av och låt den svalna.

Skär myntan i julienne-remsor, riv körsbärstomaterna med parmesanen och skär fetaosten i tärningar.

Blanda pastan med alla ingredienser, smaka av med olja och en reduktion av balsamvinäger.

LURA

Om så önskas, tillsätt hydratiserade soltorkade plommontomater.

RÄKA-, ANSJOVY OCH GRANATÄPPELSALAD

INGREDIENSER

500 g potatis

250 g skalade räkor

200 g morötter

1 burk kokta ärtor

1 burk piquillopeppar

10 urkärnade gröna oliver

10 ansjovis

4 inlagda gurkor

2 hårdkokta ägg

1 granatäpple

Majonnäs

BEHANDLING

Skala och skär potatisen och morötterna i tärningar och koka dem i rikligt med saltat vatten tills de är mjuka.

Koka räkorna i 1 minut, låt rinna av och svalna. Skala granatäpplet.

Finhacka ansjovis, räkor, oliver, ägg, pickles och piquillopeppar. Blanda med resten av ingredienserna och smaka av med salt. Sås med majonnäs efter smak, blanda och förvara kallt tills det ska serveras.

LURA
Den kan garneras med hackad majonnäs med 1 msk mald spiskummin.

ARUQUETTE MED PANCETTA, BLUE OST OCH VALNÖTTER

INGREDIENSER

1 påse färsk ruccola

150 g ädelost

75 g nötter

8 skivor rökt bacon

fikon

Vinäger

Olivolja

salt

BEHANDLING

Skär baconet i tunna strimlor och bryn det i en panna. Ta ut och reservera. Skär fikonen på mitten och bryn dem (endast på köttsidan) i samma panna.

Skär osten och nötterna i tärningar.

Sätt ihop salladen med ruccola, bacon, varma fikon och valnötter och smaka av med en vinägrett av olja, vinäger och salt.

LURA

Du kan prova de olika typerna av kommersiellt tillgängliga vinäger.

RÖKT LAX, RÄKOR, POTATIS OCH GRANATÄPPELSALLAD

INGREDIENSER

350 g rökt lax

250 g potatis

200 g skalade räkor

100 g parmesan

1 granatäpple

½ endivi

100 ml olivolja

BEHANDLING

Koka potatisen i 20 minuter eller tills den är mjuk. Skala, skiva och reservera.

Skär granatäpplet på mitten och ta bort kärnorna. Låt parmesanspånen rinna av med en potatisskalare.

Koka räkorna i kokande saltat vatten i 1 minut. Ta ut och kyl.

Tvätta och desinficera escarole och skär den i medelstora bitar.

Montera salladen med escarolebotten, ovanpå potatisen, laxen, räkorna, granatäpplet och osten.

Krydda med olja, vinäger, salt och peppar.

LURA

För att underlätta skalningen av granatäpplet, skär den på mitten horisontellt, lägg den skurna delen ovanpå handen och knacka på utsidan med en sked.

MOROTSSALLAD MED KONSERDA SARDINER

INGREDIENSER
150 g konserverade sardiner
1 msk hackad färsk koriander
4 morötter
Saften av 1 citron
Olivolja
Salt och peppar

BEHANDLING
Skala morötterna och skär dem i tunna skivor. Lägg dem i en skål med citronsaft, olja, salt, peppar och koriander. Dra tillbaka.

Krydda sardinerna med morotssalladen.

LURA
Denna sallad är utmärkt att ersätta citronsaften med apelsinjuice.

WALDORF SALLAD

INGREDIENSER

200 g selleri

80 ml grädde

2 msk skalade valnötter

2 matskedar majonnäs

1 matsked honung

1 äpple

1 päron

1 citron

Skal från skalet av ½ citron

Persilja

BEHANDLING

Blanda honung, citronskal, grädde och majonnäs i en skål. Ta ut ur ugnen och låt svalna.

Skala, skala och finhacka sellerin. Strö över citronsaft.

Tvätta äpplet och päronet och skär dem i tunna skivor. Blanda sellerifrukterna med citronen så att de inte blir svarta.

Hacka valnötterna och persiljan och lägg dem i frukten och sellerin. Ringla över honungsvinägrett.

LURA

Du kan också lägga till lite färsk dill.

POTATISSALLAD MED RÄKOR OCH GRANATÄPLE

INGREDIENSER

500 g potatis

300 g skalade räkor

3 piquillo paprika

1 granatäpple

2 dl majonnäs

salt

BEHANDLING

Skala och skär potatisen i små bitar. Koka, fräscha upp och låt svalna.

Koka räkorna i kokande vatten i 1 min. Ta ut ur ugnen och låt svalna

Skär piquillopepparn i strimlor och skala granatäpplet.

Blanda allt, salt och sås med majonnäs. Rör om igen och ställ i kylen tills den ska serveras.

LURA

För att ge en fräsch touch till salladen kan du lägga hackade myntablad i majonnäsen.

CESAR SALLAD

INGREDIENSER

2 kycklingfiléer

100 g majonnäs

70 g riven parmesan

4 ansjovis

1 vitlöksklyfta

1 romansallat

Bröd

Ägg och ströbröd (att belägga)

Olivolja

Bacon

BEHANDLING

Blanda och blanda majonnäs, riven parmesan, ansjovis och vitlöksklyfta. Förvara i kylen (såsens vikt kan variera beroende på smak).

Klä kycklingfiléerna med uppvispat ägg och ströbröd. Stek, skär i strimlor och ställ åt sidan. Skär brödet i små rutor och stek eller grädda tills det är gyllenbrunt. Boka. Bryn baconet skuret i strimlor. Boka.

Lägg den skurna salladen i botten av en skål och arrangera kycklingstrimlorna, krutongerna, såsen, riven ost och bacon ovanpå.

LURA
Du kan ge den en söt touch genom att lägga till dadlar eller äpplen.

PIPIRRANA MURCIANO

INGREDIENSER

2 tomater

2 vitlöksklyftor

3 matskedar vinäger

1 stor italiensk grön paprika

1 lök

1 gurka

9 matskedar olivolja

salt

BEHANDLING

Tvätta tomaterna, peppar och skala gurka, vitlök och lök. Skär allt i medelstora bitar av samma storlek.

Förbered en vinägrett genom att blanda olja, vinäger och salt. Krydda salladen med vinägretten och rör om. Servera mycket kyld.

LURA

Om löken kliar mycket, skär den och lägg den i isvatten i 2 timmar. Du kommer att tappa klådan.

ARUQUETTE MED MANGO, KYCKLING OCH PISTACH

INGREDIENSER

250 g rengjord ruccola

30 g pistagenötter

4 gröna sparrisar

2 kycklingbröst

2 mango

Vinäger

Olivolja

Salt och peppar

BEHANDLING

Ta bort de tunna remsorna av sparris med en potatisskalare. Koka ankbrösten i 5 minuter, låt dem svalna och skär dem i strimlor. Skala och tärna mangon och bryn sparrisen lätt.

Blanda ruccolan, mangon, kycklingstrimlorna och den skalade sparrisen och pistagenötterna.

Sås med en vinägrett av olja, vinäger, salt och peppar.

LURA

Proportionerna av salladsdressingar är i allmänhet 3 delar olja till 1 vinäger, salt och peppar.

JULIANNE SOPPAN

INGREDIENSER

250 g kål

250 g purjolök

100 g morötter

75 g kålrot

50 g smör

1 ½ liter vit kycklingbuljong

1 stjälk selleri

salt

BEHANDLING

Skala, julienne grönsakerna och bryn dem långsamt i smöret, i en täckt behållare, i 20 minuter.

Häll i buljongen, koka i ytterligare 5 minuter och tillsätt salt efter smak.

LURA

Lägg till rostat bröd och lite pesto.

VIT MALAGUENO VITLÖK

INGREDIENSER

250 g ströbröd (blötlagt i kallt vatten)

100 g rå mandel

3 vitlöksklyftor

Vinäger

2 dl olivolja

salt

BEHANDLING

Mal mandeln mycket väl med lite kallt vatten. Tillsätt det blötlagda brödet och blanda väl igen. Tillsätt oljan, vispa hela tiden.

Häll i ca 1 och en halv liter vatten tills du får önskad konsistens. Passera genom en sil eller sil och smaka av med vinäger och salt.

LURA

Mandel kan ersättas med vilken annan torkad frukt som helst. Servera med strimlor av rökt lax och vindruvor.

KRÄM AV ROSTADE RÖDA PAPPOR

INGREDIENSER

1 kg röd paprika

1 liter kycklingbuljong

200 ml grädde

4 vitlöksklyftor

2 stora potatisar

2 purjolök

Olivolja

Salt och peppar

BEHANDLING

Pensla paprikorna med olja och linda in vitlöken i folie. Rosta i 160°C i 1 timme. Svetta och skala dem.

Skala, hacka och fräs purjolöken långsamt, täckt, i 20 minuter. Tillsätt paprikan och vitlöken.

Tillsätt den skalade och delade potatisen. Tillsätt buljongen och koka på låg värme i 30 minuter. Häll i grädden och koka i ytterligare 5 minuter. Blanda, filtrera och smaka av med salt och peppar.

LURA

Att svettas en paprika innebär att täcka den med en trasa, plastfolie, plastfolie etc., så att ångan den genererar gör att huden lätt kan lossna och därför skala den bättre.

KRABBBISKET

INGREDIENSER

500 g mogna tomater

500 g räkor

100 g smör

100 g lök

100 g morötter

100 g purjolök

75 g ris

1 liter fiskfond

2 dl vitt vin

1 dl konjak

1 tsk varm paprika

1 kvist timjan

Salt och peppar

BEHANDLING

Bryn de hackade grönsakerna i smör. Tillsätt paprikan och bryn.

Bryn krabborna som tillbehör och flambera dem med konjak. Spara svansarna och mosa slaktkropparna med rök. Filtrera 2 eller 3 gånger tills skalet finns kvar.

Tillsätt röken, vinet, kvartade tomater och timjan i grönsaksgrytan. Tillsätt riset, koka i 40 minuter och blanda.

LURA

Krabborna kan bytas ut mot vilket kräftdjur som helst, så länge det inte har ett hårt skal. Det är en läcker kräm.

KONSUMTION AV KYCKLING MED ÄPPLE

INGREDIENSER

4 st kycklingkroppar

2 stjälkar selleri

2 äpplen

1 morot

1 ny lök

1 purjolök

1 tomat

salt

BEHANDLING

Koka kycklingkropparna, selleri, morot, gräslök, purjolök och tomat i 2 timmar i kallt vatten. Häll av, låt svalna och avfetta. Boka.

Skala, finhacka och koka äpplet i den reserverade buljongen i 20 minuter.

Låt rinna av och smaka av med salt.

LURA

Koka alltid långsamt för att få en genomskinlig paté. Frys sedan in. Tina på en sil och mycket fint porslin, och tillsätt 3 blad gelatin.

ANTEQUERA MÅL

INGREDIENSER
1 kg tomater

500 g bröd

100 g flingad tonfisk

2 vitlöksklyftor

1 röd paprika

Vinäger

100 ml olivolja

salt

BEHANDLING
Skär tomater, paprika, bröd och vitlök i medelstora bitar. Blanda allt utom oljan och vinägern.

Passera genom en sil och tillsätt oljan lite i taget, vispa hela tiden. Krydda med salt och vinäger.

Servera och komplettera med den smulade tonfisken på toppen.

LURA
Den är väldigt lik salmorejo, men med en mycket tjockare konsistens.

SAINT-GERMAIN-KRÄM

INGREDIENSER

500 g potatis

500 g rensade ärtor

90 g smör

1 1/2 liter kycklingbuljong

1 stor purjolök

100 ml mjölk

salt

BEHANDLING

Skala och julienne purjolöken. Koka långsamt, täckt, i 15 minuter. Tillsätt potatisen, skalad och delad och buljongen. Koka i ytterligare 15 minuter.

Tillsätt ärtorna och koka i ytterligare 15 minuter. Blanda, filtrera och häll i mjölken. Koka i ytterligare 5 minuter och smaka av med salt.

LURA

Före malning, tillsätt 6 myntablad. Utsökt.

KAKS- OCH RÄKSOPPA

INGREDIENSER

250 g musslor

150 g räkor

150 g nudlar

1 liter fiskfond

1 glas vitt vin

3 vitlöksklyftor

1 lagerblad

1 chilipeppar

söt paprika

Persilja

Olivolja

salt

BEHANDLING

Hacka vitlöken fint och bryn den med chilipeppar. Tillsätt paprikan och bryn i 5 sekunder. Häll i det vita vinet och låt det avdunsta nästan helt. Tillsätt buljongen.

Tillsätt nudlarna. En minut innan du tar bort från värmen, så att tagliatellen är mjuk, tillsätt de rengjorda musslorna och de skalade räkorna. Strö över hackad persilja.

LURA

Töm musslorna väl i 2 timmar i kallt vatten med mycket salt för att ta bort orenheter och sand.

CASTILA Kikärtsgrädde

INGREDIENSER

375 g potatis

125 g kikärtor

125 g purjolök

125 g tomater

2 liter kycklingbuljong

1 liter mjölk

Salt och peppar

BEHANDLING

Tvätta kikärtorna och blötlägg dem i ljummet vatten 12 timmar i förväg.

Hetta upp med buljongen och tillsätt kikärtorna. Koka tills de är mjuka.

Tillsätt purjolök, tomater och potatis. Häll i mjölken och koka i 30 min. Krossa, filtrera och smaka av med salt och peppar.

LURA

Den kan göras med vilken grönsak som helst. Grädden är lika läcker.

FISKSOPPA

INGREDIENSER

200 g marulk

200 g kummel

200 g räkor

50 g ris

1 ½ l fiskfond (se avsnittet Buljonger och såser)

1 grön paprika

1 röd paprika

1 tomat

1 lök

Olivolja

Salt och peppar

BEHANDLING

Skär löken och paprikan i mycket små bitar och låt dem torka långsamt i 15 minuter.

Öka värmen och tillsätt den rivna tomaten. Koka tills den tappar allt vatten.

Tillsätt riset och ånga och koka i 16 min. Lägg i kummelbitarna och marulken skuren i medelstora kuber. Salta och tillsätt de skalade räkorna. Koka i ytterligare 2 minuter och servera.

LURA

Tillsätt 100 g fänkål i såsen. Det ger den en utsökt anismak.

TORSKKRÄM

INGREDIENSER

1 kg potatis

200 g avsaltad torsk

100 ml vitt vin

3 medelstora purjolökar

2 morötter

1 lagerblad

1 stor lök

Olivolja

Salt och peppar

BEHANDLING

Juliennema löken och skiva den rena purjolöken tunt. Koka långsamt i cirka 20 minuter med pannan täckt.

Koka under tiden torsken i 1 liter kallt vatten i 5 minuter. Spara kokvattnet, ta bort torsken, smula ner den och ta bort benen.

Skär potatisen och morötterna i medelstora bitar och lägg dem i pannan när purjolöken är kokt. Bryn potatisen lite, öka värmen och tillsätt det vita vinet. Låt det minska.

Fukta grytan med vattnet från torsken, tillsätt lagerbladet och koka tills potatisen och morötterna är mjuka. Tillsätt torsken och koka ytterligare en minut. Ta bort lagerbladet, krossa det och dränera det. Krydda med salt och peppar.

LURA

Torsken kan ersättas med kummel. Tillsätt 1 msk söt paprika innan du häller i buljongen.

KRÄM AV BROCCOLI MED GRILLAD BACON

INGREDIENSER

150 g bacon

1 liter kycklingbuljong

125 ml grädde

2 stjälkar broccoli

2 rena purjolökar

2 stora potatisar

Olivolja

Salt och peppar

BEHANDLING

Skala, finhacka och bryn purjolöken på låg värme, täckt, i 20 minuter. Tillsätt den rengjorda broccolin skuren i buketter och koka i ytterligare 5 minuter.

Tillsätt den skalade och delade potatisen. Tillsätt buljongen och koka försiktigt i 20 minuter. Häll i grädden och koka i ytterligare 10 minuter. Blanda, filtrera och smaka av med salt och peppar.

Bryn baconet separat i en panna och servera med grädden.

LURA

För att förhindra att broccolin luktar för starkt, tillsätt 2 matskedar vinäger under tillagningen.

GAZPACHO MANCHEGO

INGREDIENSER

300 g ströbröd

2 matskedar vinäger

1 matsked färsk persilja

1 kokt ägg

1 vitlöksklyfta

1 ny lök

¾ dl olivolja

salt

BEHANDLING

Krossa ströbröd, vårlök, hårdkokta ägg, vitlök och persilja med oljan och vinägern.

Låt rinna av och smaka av med salt. Tillsätt lite vatten om det behövs.

LURA

Det ideala är att göra denna gazpacho i en mortel tills den blir en pasta och sedan tillsätt vätskorna.

ZUCCHINI-KRÄM

INGREDIENSER

1 kg zucchini

1 liter kycklingbuljong

2 rena purjolökar

2 stora potatisar

Olivolja

Salt och peppar

BEHANDLING

Skala, finhacka och bryn purjolöken på låg värme, täckt, i 20 minuter. Tillsätt den skalade och skivade zucchinin. Stek i ytterligare 5 minuter.

Tillsätt den skalade och delade potatisen. Tillsätt buljongen. Koka på låg värme i 30 min. Blanda, filtrera och smaka av med salt och peppar.

LURA

För en jämn konsistens, tillsätt 1 ost per person när den är krossad.

CASTILLANSOPPA

INGREDIENSER

100 g Serranoskinka

150 g bröd

1 ½ l nötbuljong (eller kyckling).

1 matsked paprika

5 vitlöksklyftor

6 ägg

Olivolja

salt

BEHANDLING

Bryn sakta den hackade vitlöken med den skurna skinkan utan att färga.

Tillsätt smörgåsbrödet och blanda i 5 min. Ta av från värmen och tillsätt paprikan. Rör om snabbt så det inte bränns vid.

Återställ till värmen och häll över buljongen. Koka i 5 minuter, tillsätt salt och de trasiga äggen.

LURA

Ett bra sätt att använda överbliven kokt soppa är att använda den som fond för denna soppa.

PUMPAKRÄM

INGREDIENSER

500 g skalad pumpa

1 liter kycklingbuljong

3 morötter

2 skalade potatisar

1 stor tomat

1 stor purjolök

1 vitlöksklyfta

1 lök

Salt och peppar

BEHANDLING

Tvätta grönsakerna och skär dem fint. Bryn pumpa, morötter, purjolök, vitlök och lök på medelvärme i 30 min.

Tillsätt den delade tomaten och den skalade och tärnade potatisen.

Häll i buljongen och koka i 45 minuter på medelvärme. Blanda, filtrera och smaka av med salt och peppar.

LURA

Servera med några tärningar apelsingelé. Fantastisk.

KRÄM AV GRÖN SPARRIS MED RÖKT LAX

INGREDIENSER
250 ml kycklingbuljong
100 dl grädde
4 skivor rökt lax
3 knippen grön sparris
2 purjolök
2 potatisar
½ selleri
Olja
Salt och peppar

BEHANDLING
Rensa sparris, purjolök, selleri och skär dem i små bitar. Koka försiktigt i 25 min.

Tillsätt den skalade och delade potatisen. Ringla över buljong och grädde. Koka i 25 minuter. Blanda, filtrera och smaka av med salt och peppar.

Servera med rökt lax skuren i strimlor.

LURA
Denna kräm kan tas varm och kall.

KRÄMD SPENAT MED LIM

INGREDIENSER

1 kg spenat

1 liter kycklingbuljong

1 glas torr vermouth

2 stora potatisar

2 purjolök

1 burk musslor

1 ark gelatin

Olivolja

Salt och peppar

BEHANDLING

Skala, hacka och fräs purjolöken långsamt, täckt, i 20 minuter. Tillsätt den rengjorda spenaten skuren i små bitar och koka i ytterligare 5 minuter.

Tillsätt den skalade och delade potatisen. Häll i vermouth och låt reducera helt. Tillsätt buljongen och koka på låg värme i 30 minuter. Blanda, filtrera och smaka av med salt och peppar. Boka.

Ta bort musslorna från burken och spara vätskan. Värm vätskan något.

Tillsätt gelatinet som tidigare hydrerats i kallt vatten till den varma musselbuljongen och rör om tills det lösts upp. Förvara kallt på plåt för att få en tjocklek på ½ cm.

Skär geléen i små cirklar. Servera den gräddade spenaten varm och lägg musslorna ovanpå och geléen ovanpå.

LURA
Smaken på musslorna förstärks genom att gelatinet löses upp något.

ANDALUSISK GAZPACHO

INGREDIENSER

1 kg tomater

250 g grön paprika

250 g gurka

1 vitlöksklyfta

½ lök

Vinäger

2 dl olivolja

salt

BEHANDLING

Tvätta grönsakerna väl och skär dem i medelstora bitar.

Blanda alla ingredienser, utom vinäger och olja, väl tills det är slätt. Filtrera genom en sil och tillsätt oljan under vispning. Tillsätt vinäger efter smak.

LURA

Du kan lägga till 100 g bröd, 1 glas vatten och ca 8 korn spiskummin vid malning.

BÖNKRÄMME OCH PAPRIKA MED SKINKSALT

INGREDIENSER

450 g gröna bönor

250 g potatis

100 g skivad Serranoskinka

1 liter kycklingbuljong

1 matsked paprika

1 skinkben

1 purjolök

Olivolja

Salt och peppar

BEHANDLING

Ta bort ändarna och sidosträngarna från bönorna och skär dem i små bitar. Skär purjolöken i skivor.

Koka försiktigt purjolöken och bönorna i 25 min. Tillsätt den rengjorda, skalade och delade potatisen. Tillsätt paprikan, bryn i 5 sekunder och häll i buljongen. Tillsätt skinkbenet och koka i 30 minuter.

Ta bort benet, mosa, låt rinna av och smaka av med salt och peppar (det ska vara något intetsägande).

Placera Serranoskinkan i mikron på absorberande papper i 2 minuter. Låt torka i mikron och gnid in en mortel tills du får en salt konsistens. Servera grädden med skinksaltet ovanpå.

LURA
Den är perfekt för sommar och vinter då den kan tas både varm och kall.

MELONGKRÄM MED SKINKA OCH POTATIS

INGREDIENSER
500 g kycklingbuljong
125 g grädde
1 naturell yoghurt (valfritt)
1 stor lök
1 melon
Skinka
Olivolja
Salt och peppar

BEHANDLING
Bryn den skurna löken utan att färga. Häll i buljongen och tillsätt den skurna, kärnade och skalade melonen. Koka i 25 minuter.

Blanda med yoghurten och grädden. Häll av och låt svalna. Tillsätt salt och peppar. Dekorera toppen med en skiva skinka.

LURA
Den kan även göras med vattenmelon och olika sorters melon för att få en annan smak.

KRÄME AV POTATIS MED CHORIZO

INGREDIENSER

2 stora potatisar
1 tsk paprika
1 tsk pepprad chorizo (eller ñora)
2 vitlöksklyftor
1 asturisk chorizo
1 grön paprika
1 lagerblad
1 lök
Olivolja
salt

BEHANDLING

Bryn den hackade vitlöken i lite olja i 2 minuter. Tillsätt löken och paprikan skuren i tunna strimlor. Bryn i 20 minuter på medelhög värme och tillsätt sedan chorizopepparmassan.

Tillsätt den hackade chorizon och bryn i 5 minuter. Tillsätt den skalade potatisen och cacheladan och koka i 10 minuter under konstant omrörning. Salt.

Tillsätt paprikan och täck med vatten. Koka långsamt med lagerbladet tills potatisen är genomstekt. Ta bort lagerbladet, krossa och filtrera.

LURA

Det är en perfekt kräm för att njuta av resterna av lite Riojapotatis.

KRÄM AV PÄRON OCH POTATISKONFERENS

INGREDIENSER

225 g purjolök

125 g potatis

1 liter grönsaksbuljong

2 matskedar smör

2 päron utan skal

12 trådar saffran

salt och svartpeppar

BEHANDLING

Bryn långsamt den rensade och skurna purjolöken och den tärnade potatisen i smöret.

När grönsakerna är klara, tillsätt päron, buljong och rostat saffran. Koka i 20 minuter, blanda och filtrera. Den kan serveras varm eller kall.

LURA

Denna kräm kan åtföljas av kuber av vilken typ av ost som helst.

PULOLOCKKRÄM

INGREDIENSER

500 g purjolök vit

500 g potatis

150 g grädde

100 g smör

1½ kycklingbuljong

salt och vitpeppar

BEHANDLING

Skala och julienne purjolöken. Koka försiktigt täckt med smör. Tillsätt den skalade och tärnade potatisen och häll i buljongen. Koka tills de är mjuka.

Blanda och koka i 5 minuter på låg värme med grädden. Krydda med salt och peppar.

LURA

Vichyssoise är en kall purjolökskräm. Den kan åtföljas av några öringägg.

KRÄME AV SVAMP OCH PARMESANFLINGOR

INGREDIENSER

1 kg svamp

½ liter kycklingbuljong

¼ liter grädde

1 lök

1 purjolök (den vita delen)

4 vitlöksklyftor

Hackad persilja

Parmesan bitar

Olivolja

Salt och peppar

BEHANDLING

Fräs långsamt hackad lök, purjolök och vitlök. Öka värmen, tillsätt den rengjorda svampen skuren i julienneremsor och fortsätt tillagningen.

Häll i buljongen och smaka av med salt och peppar. Blanda, filtrera och koka med grädden i ytterligare 5 minuter.

Servera med hackad persilja och parmesanspån.

LURA

Torka några skivor Serranoskinka i mikron, mal dem till pulver och lägg dem ovanpå.

TOMATSOPPA

INGREDIENSER

1 kg mogna tomater
½ liter kycklingbuljong
125 ml flytande grädde
125 ml vitt vin
2 vitlöksklyftor
2 vårlökar
socker
Olivolja
salt

BEHANDLING

Fräs sakta vårlöken och vitlöken, skär i små bitar, tills den är mjuk.

Tillsätt tomaterna också skurna i små bitar och fräs i 10 minuter. Tillsätt vinet och låt reducera nästan helt.

Häll i buljongen och koka i 25 minuter på medelvärme. Krossa, filtrera och korrigera salt och socker. Dekorera med flytande grädde.

LURA

Servera med rostade flingad mandel och julienerade färska basilikablad.

KALL MELONGKRÄM

INGREDIENSER

½ melon, skalad och kärnad

250 ml kycklingbuljong

200 ml grädde

1 purjolök

1 naturell yoghurt

Serranoskinka

Olivolja

Salt och peppar

BEHANDLING

Skala och hacka purjolöken. Koka försiktigt under lock i 15 min.

Tillsätt melon, buljong och grädde. Koka i 5 minuter och låt svalna. Tillsätt yoghurten, blanda, krydda och filtrera.

Komplettera denna kräm med bitar av Serranoskinka.

LURA

För att ge en touch av fräschör till denna kräm, tillsätt några myntablad medan du maler.

RÖTKRÄM

INGREDIENSER

300 g kokta rödbetor

75 g smör

½ liter kycklingbuljong

2 purjolök

1 glödlampa fänkål

1 stjälk selleri

1 lök

1 morot

timjan

Grädde

salt

BEHANDLING

Skala, skala och finhacka lök, purjolök, selleri, fänkål och morot. Bryn i smör i 2 minuter på låg värme.

Tillsätt buljongen, tillsätt timjan och koka i ytterligare 15 minuter. Tillsätt rödbetorna och koka i ytterligare 5 minuter. Blanda, filtrera och salta.

LURA

Denna kräm kan konsumeras varm och kall.

FACING CREAM

INGREDIENSER

375 g purjolök

750 g potatis

75 g smör

750 ml kycklingbuljong

250 ml mjölk

salt och vitpeppar

BEHANDLING

Skär purjolöken i tunna skivor och koka dem, täckta, försiktigt i smöret i 20 minuter.

Tillsätt den tärnade potatisen och häll i buljongen. Grädda i ca 30 minuter eller tills potatisen är mjuk.

Blanda och värm igen långsamt i ytterligare 5 minuter med mjölken. Låt rinna av och smaka av med salt och peppar.

LURA

Använd lila potatis till denna kräm. Det är en underbar och aptitretande färg.

CLAM CREAM

INGREDIENSER

500 g musslor

100 g bacon

10 g mjöl

3 dl mjölk

1 ½ dl grädde

2 tomater

2 medelstora potatisar

1 stjälk selleri

1 liten ny lök

1 ½ dl olivolja

Salt och peppar

BEHANDLING

Skölj musslorna i kallt vatten med mycket salt i 2 timmar.

Öppna musslorna i en kastrull med lite vatten och salt. När den öppnats, reservera kokvattnet och musselsköttet.

Stek baconet i en panna tills det blir knaprigt. Ta bort och reservera. Stek långsamt löken skuren i små bitar och sellerin, rengjord och utan snören och skär i medelstora bitar, i samma olja.

Tillsätt mjölet och koka i 3 minuter under konstant omrörning. Tillsätt mjölken, matlagningsvattnet och grädden. Ta ut ur ugnen och tillsätt potatisen skuren i medelstora bitar. Sjud långsamt tills potatisen är genomstekt. Krydda med salt och peppar och tillsätt några tärningar tomater utan skal eller frön och köttet av musslorna.

LURA
Du kan göra detta med konserverade musslor och använda buljongen från burken.

CHOKLADKANIN MED ROSTADE MANDLAR

INGREDIENSER

1 kanin

60 g riven mörk choklad

1 glas rött vin

1 kvist timjan

1 kvist rosmarin

1 lagerblad

2 morötter

2 vitlöksklyftor

1 lök

Kycklingbuljong (eller vatten)

Rostade mandlar

extra virgin olivolja

Salt och peppar

BEHANDLING

Hacka, krydda och bryn kaninen i en väldigt het gryta. Ta bort och reservera.

Bryn löken, morötterna och vitlöksklyftorna i samma olja i små bitar på låg värme.

Tillsätt lagerblad och kvistar timjan och rosmarin. Tillsätt vin och fond och koka på svag värme i 40 minuter. Salta och ta bort kaninen.

Mixa såsen och lägg tillbaka den i kastrullen. Tillsätt kaninen och chokladen och rör om tills det smält. Koka i ytterligare 5 minuter för att kombinera smakerna.

LURA

Garnera med den rostade mandeln ovanpå. Att lägga till cayennepeppar eller chilipeppar ger den en kryddig kant.

PANERAD LAMM CRIADILLA MED FINA Örter

INGREDIENSER

12 enheter lammcriadillas

1 tsk färsk rosmarin

1 tsk färsk timjan

1 tsk färsk persilja

Mjöl, ägg och ströbröd (att belägga)

Olivolja

Salt och peppar

BEHANDLING

Rengör criadillaerna genom att ta bort de två membranen som omger dem. Tvätta väl med vatten och lite vinäger, låt rinna av och torka.

Skär och krydda criadillasna. Blanda lite ströbröd med de finhackade färska örterna. Doppa i mjöl, ägg och ströbröd och stek i rikligt med het olja.

LURA

En roligare och kreativare deg kan göras genom att ersätta ströbrödet med krossade kex.

Milanesisk eskalop

INGREDIENSER

4 kalvfiléer

150 g ströbröd

100 g parmesan

2 ägg

Mjöl

Olivolja

Salt och peppar

BEHANDLING

Krydda och mjöla filéerna, doppa dem i det uppvispade ägget och i bröd och riven parmesanblandning.

Tryck till ordentligt så att ströbrödet fastnar ordentligt och stek i rikligt med het olja.

LURA

Det perfekta tillbehöret till denna rätt är spagetti med tomatsås.

JARDINERA KÖTTGRYTA

INGREDIENSER

1 kg köttlägg

100 g svamp

1 glas rött vin

3 matskedar stekta tomater

1 kvist timjan

1 kvist rosmarin

1 lagerblad

2 morötter

1 lök

2 kryddnejlika

1 burk ärtor

Nötbuljong (eller vatten)

Olivolja

Salt och peppar

BEHANDLING

Hacka, krydda och bryn köttet på hög värme. Ta ut och reservera.

Bryn löken och tärnade morötter i samma olja. Lägg tillbaka köttet och avglasera med rödvinet. Låt reducera och tillsätt stekt tomat, lagerblad, kryddnejlika och timjankvistar och rosmarin.

Täck med buljong och koka tills köttet är mört. Strax före slutet av tillagningen, tillsätt ärtorna och de kvarterade sauterade svamparna.

LURA

Att lägga till en kanelstång under tillagningen ger grytan en överraskande twist.

FLAMENCO

INGREDIENSER

8 skink- eller sidbiffar

8 skivor serranoskinka

8 skivor ost

Mjöl, ägg och ströbröd (att belägga)

Olivolja

Salt och peppar

BEHANDLING

Krydda och torka filéerna. Fyll med en skiva skinka och en annan med ost och rulla ihop på sig själva.

Doppa i mjöl, uppvispat ägg och ströbröd och stek i rikligt med het olja.

LURA

För en roligare touch kan du byta ut ströbrödet mot hackad flingor eller kiko.

KALVKÖTT FRICAND

INGREDIENSER

1 kg oxfiléer

300 g svamp

250 cl köttbuljong

125cl konjak

3 tomater

1 lök

1 bukett aromatiska örter (timjan, rosmarin, lagerblad, etc.)

1 morot

Mjöl

Olivolja

Salt och peppar

BEHANDLING

Krydda och mjöla köttet. Bryn den i lite olja på medelvärme och ta bort den.

Stek moroten och löken skuren i små bitar i samma olja som filéerna gjordes med. När de är mjuka, tillsätt de rivna tomaterna. Koka väl tills tomaten har tappat allt vatten.

Öka värmen och tillsätt svampen. Koka i 2 minuter och doppa sedan i konjaken. Låt det avdunsta och lägg i pilgrimsmusslorna igen.

Täck med buljongen och tillsätt de aromatiska örterna. Smaka av med salt och koka i 30 minuter på låg värme eller tills köttet är mört. Låt vila ytterligare 30 minuter, täckt.

LURA

Om det inte är svampsäsong kan du använda uttorkade. Smaken är otrolig.

CHORIZO OCH KORVGRÖT

INGREDIENSER

10 färska korvar

2 korvar

4 stora matskedar durumvetemjöl

1 matsked paprika

1 fläsklever

1 huvud vitlök

2 dl olivolja

salt

BEHANDLING

Skär chorizo och korvar i bitar. Bryn på medelvärme med oljan. Ta bort och reservera.

Bryn den tärnade levern och hälften av vitlöken i samma olja. Låt rinna av och slå i en mortel. Boka.

Bryn resten av den hackade vitlöken i samma olja, tillsätt paprikan och lite mjöl.

Blanda hela tiden tills mjölet inte längre är rått. Tillsätt 7 dl vatten och koka upp under omrörning. Tillsätt mortelpurén, korven och chorizos. Krydda med salt och blanda.

LURA

Ett bra tillbehör är möra vitlöksskott från grillen.

ROVA LÖV LACON

INGREDIENSER

1 ½ kg färsk axel

1 stort knippe kålrot

3 korvar

2 stora potatisar

1 medelstor lök

Paprika (söt eller kryddig)

Olivolja

salt

BEHANDLING

Koka fläskköttet i ca 2 timmar i en stor mängd saltat vatten och löken.

När det återstår 30 minuters tillagningstid, tillsätt chorizo och stora cacheladapotatis (skalad, oskären).

Koka kålrotsbladen separat i kokande vatten i 10 minuter. Töm och reservera.

Servera lacón, chorizos, potatis och kålrot och strö över söt eller varm paprika.

LURA

Det är bekvämt att tillaga kålrotsbladen separat eftersom kokvattnet är bittert.

KALVLEVER MED RÖTT VIN

INGREDIENSER

750 g oxleverfiléer

100g mjöl

75 g smör

1 liter köttbuljong

400 ml rött vin

2 stora lökar

Olivolja

Salt och peppar

BEHANDLING

Koka vinet tills det har halverat sin volym.

Lägg under tiden 1 msk smör och en annan mjöl i en kastrull. Koka på låg värme tills mjölet är lätt brynt. Tillsätt vin och buljong under konstant omrörning. Koka i 15 minuter, smaka av med salt och peppar.

Krydda och mjöla levern. Bryn i lite olja på båda sidor. Ta bort och reservera.

Fräs den finhackade löken i samma olja i 25 minuter. Tillsätt levern och såsen. Värm (koka inte) och servera varm.

LURA

Du kan byta ut rött vin mot vitt vin, lambrusco, cava, sött vin osv.

Hargryta

INGREDIENSER

1 hare

1 liter köttbuljong

½ liter rött vin

1 kvist rosmarin

1 kvist timjan

4 vitlöksklyftor

2 tomater

1 stor lök

1 morot

1 purjolök

Olivolja

Salt och peppar

BEHANDLING

Hacka, krydda och bryn haren. Ta bort och reservera.

Skär vitlök, lök, morot och purjolök i små bitar och stek dem i 20 minuter i samma olja som haren gjordes med.

Tillsätt de rivna körsbärstomaterna och koka tills de tappar allt vatten. Sätt tillbaka haren.

Häll i vin och fond, tillsätt de aromatiska örterna och koka på svag värme i ca 1 timme eller tills haren är mör.

LURA

Haren skuren i bitar kan macereras i 24 timmar i vin och buljong med aromatiska örter och grönsaker skurna i små bitar. Nästa dag, dränera haren, behåll vätskorna och grönsakerna, och tillaga den enligt de föregående stegen.

FISKAD FLÄSKLICK

INGREDIENSER

1 kg hel sidfläsk

1 glas köttbuljong

1 påse uttorkad löksoppa

1 burk persikor i sirap

Olivolja

Salt och peppar

BEHANDLING

Krydda köttet och bryn det i pannan på alla sidor.

Tillsätt persikan utan sirapen och buljongen. Sjud på mycket låg värme i 1 timme eller tills persikan nästan är karamelliserad. Tillsätt nu påsen med löksoppa och koka i ytterligare 5 minuter.

Ta bort länden och blanda såsen. Lägg på länden och såsen.

LURA

Du kan göra samma sak med ananas i sirap och även med fläskfilé, men halvera tillagningstiden.

MAL SÅS

INGREDIENSER

1 kg magert fläsk

1 burk tomatpuré (800 g)

1 kvist färsk timjan

1 stor lök

2 vitlöksklyftor

Brandy

socker

Olivolja

Salt och peppar

BEHANDLING

Salta och bryn det magra på hög värme. Ta bort köttet och ställ åt sidan.

Bryn löken och vitlöken skuren i brunoise i samma olja. Tillsätt det magra köttet igen och strö över en klick konjak.

Låt reducera i 2 minuter, tillsätt burken med tomater, timjankvisten och koka på svag värme tills det magra köttet är mört.

Justera salt och socker och koka i ytterligare 5 minuter.

LURA

Du kan också fräsa några goda svampar och lägga till i grytan.

KOTADE FLÄSKNAPPAR

INGREDIENSER

4 gristravare

100 g Serranoskinka

1 glas vitt vin

1 tsk mjöl

1 matsked paprika

4 vitlöksklyftor

2 tomater

2 lökar

1 lagerblad

1 morot

1 cayennepepp

Olivolja

salt och 10 korn peppar

BEHANDLING

Koka zamponerna i kallt vatten i 1 minut så fort de börjar koka. Byt vatten och upprepa denna operation 3 gånger. Koka dem sedan med 1 lök, moroten, 2 vitlöksklyftor, lagerbladet, pepparkornen och saltet i 2 1/2 timme tills köttet kommer lätt från benet. Reservera buljongen.

Finhacka den andra löken och resten av vitlöken. Bryn ca 10 minuter med tärnad skinka och cayennepeppar. Tillsätt mjöl och paprika. Bryn i 10 sekunder och tillsätt de rivna körsbärstomaterna. Koka tills den tappar allt vatten. Häll i vinet och koka på hög värme tills det tjocknar och såsen nästan är torr. Dra tillbaka. Tillsätt 200 ml zamponi matlagningsfond och fortsätt att röra för att förhindra att det fastnar. Koka på låg värme i 10 minuter och smaka av med salt. Bena ut zamponerna, lägg dem i såsen och koka i ytterligare 2 minuter.

LURA

Benen kan vadderas med vad du vill. Allt du behöver göra är att linda in dem i matfilm och låta dem svalna. Sedan är det bara att skära dem i tjocka skivor, mjöla dem, bryn dem och koka dem i såsen.

SMULAR

INGREDIENSER

1 bit gammalt bröd

200 g korv

200 g skinka

4 italienska gröna paprikor

1 huvud vitlök

BEHANDLING

Skär brödet i tärningar och fukta det med vatten (det ska inte blötläggas).

Bryn den oskalade pressade vitlöken i en stor stekpanna och ställ åt sidan. Skär chorizo och skinka och bryn dem även i samma panna. Ta bort och reservera.

Bryn brödet i samma olja som chorizon bereddes i i 30 minuter på låg värme. Rör om tills brödet är smuligt men inte torrt. Tillsätt resten av ingredienserna och blanda igen för att kombinera ströbrödet med chorizo och skinka.

LURA

Migas kan åtföljas av sardiner, vindruvor, stekta ägg etc.

FYLLD FISKARKAR

INGREDIENSER

800 g öppen sidfläsk

200 g skivor Serranoskinka

175 g skivad bacon

90 g blandade nötter

75 g ister

750 ml köttbuljong

150 ml vitt vin

1 stor matsked majsstärkelse

4 ägg

Salt och peppar

BEHANDLING

Krydda och pensla länden med det uppvispade ägget. Garnera med skivorna skink, bacon, valnötter och 3 hårdkokta ägg skurna i fjärdedelar.

Stäng med en köttfilé och bred ut med ister. Bryn på alla sidor i en het panna. Lägg över i en form och tillaga i 180°C i 30 min. Vattna var 5:e minut med buljongen.

Låt köttet vila ur pannan i 5 minuter.

Samla upp saften från pannan, tillsätt vinet och värm upp allt igen i en kastrull. Koka upp och tillsätt maizena utspädd i lite kallt vatten. Krydda med salt och peppar.

Filéa filén och ringla över sås.

LURA

Det är viktigt att vila köttet, eftersom det hjälper till att inte tappa saften och att homogenisera smakerna.

CARBONARA KALVKÖTT

INGREDIENSER

8 kalvfiléer

500 g lök

100 g smör

½ liter nötbuljong

1 flaska öl

1 lagerblad

1 kvist timjan

1 kvist rosmarin

Mjöl

Olivolja

Salt och peppar

BEHANDLING

Krydda och mjöla filéerna. Bryn dem lätt på båda sidor i smöret. Ta bort och reservera.

Bryn löken skuren i tunna julienne-remsor i detta smör. Täck pannan och koka på låg värme i 30 minuter.

Tillsätt biffarna och ölen. Koka på medelvärme tills såsen nästan är torr.

Tillsätt köttbuljongen och tillsätt de aromatiska örterna. Koka på låg värme tills köttet är mört. Tillsätt salt och låt vila i 20 minuter från värmen med pannan täckt.

LURA

Om köttet är överstekt blir det segt och kommer behöva tillagas längre tills det mjuknar igen. Det är bäst att kontrollera dess hårdhet var 5:e till 10:e minut.

LAMMBRÖD MED CEPS

INGREDIENSER

500 g lammbröd

250 g porcini svamp

1 glas sherryvin

1 ny lök

1 vitlöksklyfta

Persilja

Olivolja

Salt och peppar

BEHANDLING

Kyl kråsen i rikligt med kallt vatten i minst 2 timmar, byt vattnet 2 eller 3 gånger. Koka dem sedan i en kastrull täckt med kallt vatten. Låt verka i 10 sekunder från den första kokningen, ta bort och kyl. Ta bort allt skinn, fett och filé.

Bryn löken och vitlöken i en het panna, skär i små bitar. Höj värmen och tillsätt den saltade kråsen. Fräs i 2 minuter och tillsätt den rengjorda och filéade porcini-svampen. Koka i 2 minuter och tillsätt vinet. Låt reducera på svag värme i ca 20 minuter.

LURA

Framgången för denna maträtt ligger i tålamod med att rengöra kråsen. Annars blir de bittra och smakar illa.

OXOBUCO KALVKÖTT MED Apelsin

INGREDIENSER

8 ossobucco

1 liter köttbuljong

1 glas vitt vin

2 matskedar vinäger

1 lök

1 bukett aromatiska örter (timjan, rosmarin, lagerblad, etc.)

2 morötter

2 kryddnejlika

½ riven apelsin

Saft av 2 apelsiner

saft av ½ citron

1 matsked socker

Smör

Olivolja

Salt och peppar

BEHANDLING

Blanda i en skål den skurna löken, morötterna skurna i små bitar, saften, kryddnejlika, de aromatiska örterna och det vita vinet. Krydda ossobuchi och låt marinera i 12 timmar i denna blandning. Häll av och behåll vätskan.

Torka köttet och bryn det på mycket hög värme i en kastrull.

Bredvid kokar du de marinerade grönsakerna i olja och tillsätter ossobuchin. Koka tills de är mjuka. Tillsätt den reserverade vätskan och låt sjuda i 5 minuter. Tillsätt köttbuljongen. Täck över och koka i cirka 3 timmar eller tills benet lätt faller isär.

Gör under tiden en karamell med sockret och vinägern. Häll det över såsen. Tillsätt lite smör och apelsinskalet. Koka några minuter med köttet.

LURA

Det är viktigt att grytan där ossobucon är brynt är väldigt varm så att köttet blir mycket saftigare.

VINKORV

INGREDIENSER

20 färska korvar

2 lökar skurna i julienne

½ liter vitt vin

1 matsked mjöl

2 lagerblad

Olivolja

Salt och peppar

BEHANDLING

Bryn korvarna på hög värme. Ta ut och reservera.

Skär löken i julienne-remsor och bryn dem på svag värme i 40 minuter i samma olja som korvarna. Tillsätt mjölet och bryn i 5 minuter. Lägg i korvarna igen, häll i vinet och lägg i lagerbladen.

Koka i 20 minuter tills all alkohol har avdunstat och smaka av med salt och peppar.

LURA

En utmärkt variant kan göras genom att lägga till lambrusco istället för vitt vin.

ENGELSK KÖTTPAJ

INGREDIENSER

800 g köttfärs

800 g potatis

2 glas rött vin

1 glas kycklingbuljong

4 äggulor

4 vitlöksklyftor

2 medelmogna tomater

2 lökar

4 morötter

parmesanost

timjan

Oregano

Olivolja

Salt och peppar

BEHANDLING

Skala, skär och koka potatisen. Boka. Riv vitlök, lök och morötter.

Krydda och bryn köttet. Tillsätt sedan grönsakerna och låt dem torka väl. Tillsätt de rivna körsbärstomaterna och bryn. Tillsätt vinet och låt det avdunsta. Tillsätt buljongen och vänta tills såsen nästan är torr. Tillsätt timjan och oregano.

Passera potatisen genom en potatisstöt, smaka av med salt och peppar och tillsätt finriven parmesan och 4 äggulor.

Lägg köttet tätt i en form och lägg moset och den grovriven parmesanen ovanpå. Koka i 175°C i 20 min.

LURA

Det kan få sällskap av en god tomatsås och även en barbecuesås.

BRÄSAT RUND AV KALVKÖTT

INGREDIENSER

1 omgång kalvkött

250 ml köttbuljong

250 ml vitt vin

1 kvist timjan

1 kvist rosmarin

3 vitlöksklyftor

2 morötter

2 lökar

1 riven tomat

Olivolja

Salt och peppar

BEHANDLING

Salta och peppra rundeln, lägg den i en köttfilé och bryn den i en het panna. Ta bort och reservera.

Koka de hackade grönsakerna i samma olja. När den är mjuk, tillsätt den rivna tomaten och koka tills den tappar allt vatten.

Tillsätt vinet och reducera det till ¼ av dess volym. Lägg tillbaka köttet och fukta det med buljongen. Tillsätt de aromatiska örterna.

Täck över och koka i 90 minuter eller tills köttet är mört. Vänd halvvägs genom tillagningen. Ta bort köttet och blanda såsen. Filtrera och salta.

Filéa köttet och servera de runda filéerna toppade med sås.

LURA

Den kan även tillagas i ugnen på 180°C och vända den halvvägs genom tillagningen.

RENÉ I JEREZ

INGREDIENSER

¾ kg fläsknjurar

150 ml sherry

1 glas vinäger

1 matsked paprika

1 jämn sked mjöl

2 vitlöksklyftor

1 lök

4 matskedar olivolja

Salt och peppar

BEHANDLING

Blötlägg rengjorda och hackade njurar i isvatten och 1 kopp vinäger i 3 timmar. Koka upp vatten i en kastrull och sätt på locket. Lägg njurarna ovanpå och håll på värmen i 10 minuter tills de tappar vätska och orenheter. Efter denna tid, tvätta med mycket kallt vatten.

Finhacka löken och vitlöken. Stek i olja på låg temperatur i 10 min. Höj värmen och tillsätt de pepprade njurarna tills de är gyllenbruna.

Sänk värmen och tillsätt mjöl och paprika. Bryn i 1 minut och häll över sherryn och 1 dl vatten. Koka tills all alkohol har avdunstat. Krydda med salt.

LURA

Det viktiga i detta recept är djuprengöring av njurarna.

Milanesisk ossobuco

INGREDIENSER

6 märgben

250 g morötter

250 g lök

¼ liter rött vin

1 kvist timjan

½ vitlökhuvud

1 lagerblad

1 stor mogen tomat

köttbuljong

Olivolja

Salt och peppar

BEHANDLING

Krydda ossobuco och bryn den på båda sidor. Ta bort och reservera.

Bryn morot, lök och vitlök skuren i små bitar i samma olja. Salta och tillsätt riven tomat. Stek på hög värme tills det tappar allt vatten.

Tillsätt ossobuco igen, tillsätt vinet och koka i 3 minuter. Tillsätt buljongen för att täcka köttet. Tillsätt kryddorna och koka tills köttet separerar från benet. Krydda med salt.

LURA

Marinera om möjligt alla grönsaker med köttet, vinet och örterna dagen innan. Smakintensiteten blir större.

IBERISK HEMLIGHET MED HEMMACKAD CHIMICHURRI-SÅS

INGREDIENSER

4 iberiska hemligheter

2 matskedar vinäger

1 tsk färsk persilja

1 tsk paprika

1 tsk malen spiskummin

3 färska basilikablad

3 vitlöksklyftor

Saften av ½ liten citron

200 ml olivolja

salt

BEHANDLING

Krossa skalad vitlök, persilja, basilika, paprika, vinäger, spiskummin, citronsaft, olja och salt efter smak.

Bryn hemligheterna i en het panna i 1 minut på varje sida. Servera genast och garnera med sås.

LURA

Att dunka ingredienserna i en mortel gör bitarna mer hela.

KALVKÖTT MED TONFISK

INGREDIENSER

1 kg rund nötkött

250 g majonnäs

120 g konserverad tonfisk, avrunnen

100 ml torrt vitt vin

1 kvist persilja

1 tsk citronsaft

1 stjälk selleri

1 lagerblad

15 kapris

8 ansjovis

1 lök

1 purjolök

1 morot

salt

BEHANDLING

Sätt 1 och en halv liter vatten på elden, tillsätt de skalade och medelstora tärnade grönsakerna, salt och vin. Tillsätt köttet och koka i 75 minuter på låg värme. Låt svalna i vattnet, låt rinna av och förvara övertäckt i kylen. Skär sedan i mycket tunna skivor.

Förbered under tiden en sås genom att blanda majonnäs, tonfisk, kapris, ansjovis och citron. Blanda och häll över köttet. Låt vila tätt övertäckt i kylen ytterligare 1 timme.

LURA

Detta kan också göras genom att grädda rundeln i ugnen i 90 minuter.

OXEN SVANS

INGREDIENSER

2 oxsvansar

2 liter köttbuljong

1 liter rött vin

3 matskedar tomatsås

1 kvist timjan

1 kvist rosmarin

8 morötter

4 stjälkar selleri

2 medelstora italienska paprikor

2 medelstora lökar

Olivolja

Salt och peppar

BEHANDLING

Skär morötter, paprika, lök och selleri i små bitar och lägg grönsakerna i en kastrull med oxsvansen. Täck med vinet och låt jäsa i 24 timmar. Häll av grönsakerna och oxsvansen och reservera vinet.

Krydda och bryn svansen. Ta. Bryn grönsakerna i samma olja med lite salt.

Tillsätt tomatsåsen, häll i vinet och reducera till hälften på hög värme. Tillsätt oxsvans, buljong och aromatiska örter. Koka på låg värme tills köttet lätt faller från benet. Krydda med salt.

LURA

Om du lägger till en klick smör i såsen och vispar den får du en väldigt glansig blandning som ska användas för att krydda köttet.

brownies

INGREDIENSER

150 g couverture-choklad

150 g) socker

100 g smör

70 g mjöl

50 g hasselnötter

1 tsk jäst

2 ägg

salt

BEHANDLING

Smält försiktigt chokladen med smöret i mikron. Vispa sedan äggen med sockret i 3 minuter.

Blanda dessa föreningar och tillsätt det siktade mjölet, en nypa salt och bakpulver. Blanda igen. Tillsätt till sist hasselnötterna.

Värm ugnen till 180°C. Häll blandningen i en tidigare smörad och mjölad form och grädda i 15 minuter.

LURA

När hasselnötterna är inarbetade, lägg även till några halverade godismoln. Överraskningen är rolig.

CITRONMINTSORBET

INGREDIENSER

225 g socker

½ liter citronsaft

Skal av 1 citron

3 äggvitor

8 myntablad

BEHANDLING

Värm ½ liter vatten och sockret på låg värme i 10 minuter. Tillsätt myntabladen skurna i strimlor, citronskalet och saften. Låt svalna och ställ in i frysen (den behöver inte vara helt fryst).

Vispa äggvitorna hårt och tillsätt dem i citronblandningen. Frys in igen och servera.

LURA

Om du tillsätter en nypa salt medan du vispar äggvitorna blir de allt fastare.

ASTURISKT RIS MED MJÖLK

INGREDIENSER

100 g ris

100 g socker

100 g smör

1 liter mjölk

2 äggulor

1 st kanel

Skal av 1 citron

Skalet av 1 apelsin

BEHANDLING

Koka mjölken på mycket låg värme med riven citrusfrukter och kanel. När det börjar koka, tillsätt riset och rör om då och då.

När riset är nästan mjukt, tillsätt sockret och smöret. Koka i ytterligare 5-10 minuter.

Tillsätt äggulorna från värmen och blanda så att det blir sirapslikt.

LURA

För ett ännu mer häpnadsväckande resultat, tillsätt 1 lagerblad under tillagningen.

BANANKOMPOTTE MED ROSmarin

INGREDIENSER

30 g smör

1 kvist rosmarin

2 bananer

BEHANDLING

Skala och skiva bananerna.

Lägg dem i en kastrull, täck över och koka på mycket låg värme med smör och rosmarin tills bananen påminner om kompott.

LURA

Den här kompotten passar bra till både fläskkotletter och chokladkaka. Du kan lägga till 1 matsked socker under tillagningen för att göra den sötare.

CREMES BRULÉES

INGREDIENSER

100 g farinsocker

100 g vitt socker

400cl grädde

300cl mjölk

6 äggulor

1 vaniljstång

BEHANDLING

Öppna vaniljstången och extrahera fröna.

Vispa mjölken med vitt socker, äggulor, grädde och vaniljstång i en skål. Fyll enskilda formar med denna blandning.

Värm ugnen till 100°C och tillaga i bain-marie i 90 min. När svalnat, strö över farinsocker och bränn med en blåslampa (eller förvärm ugnen till maximal stekinställning och koka tills sockret bränns lätt).

LURA

Tillsätt 1 matsked löslig kakao till grädde eller mjölk för en läcker kakao crème brûlée.

ZIGANARARM SPOPPAD MED KRÄM

INGREDIENSER

250 g choklad

125 g socker

½ liter grädde

Soletillakex (se avsnittet Desserter)

BEHANDLING

Gör en soletilla sockerkaka. Garnera med vispad grädde och rulla ihop.

Koka upp sockret i en kastrull med 125 g vatten. Tillsätt chokladen, låt den smälta i 3 minuter under konstant omrörning och täck rullen med den. Låt stå innan servering.

LURA

För att njuta av en ännu mer komplett och läcker efterrätt, lägg till små fruktbitar i gräddsirapen.

ÄGGFLAN

INGREDIENSER

200 g socker

1 liter mjölk

8 ägg

BEHANDLING

Koka på låg värme och utan att blanda en karamell med sockret. När den har fått en rostad färg, ta av från värmen. Dela i individuella flans eller i valfri form.

Vispa mjölken och äggen, undvik skumbildning. Om det dyker upp innan du placerar det i formarna, ta bort det helt.

Häll över karamellen och låt koka au bain-marie i 165°C i cirka 45 minuter eller tills en nål kommer ut ren.

LURA

Samma recept används för att göra en läcker pudding. Allt du behöver göra är att lägga croissanter, muffins, kex... från dagen innan till degen.

JORDGubbs CAVA JELLY

INGREDIENSER

500 g socker

150 g jordgubbar

1 flaska mousserande vin

½ paket gelatinblad

BEHANDLING

Hetta upp cava och socker i en kastrull. Ta bort gelatinet som tidigare hydrerats i kallt vatten från värmen.

Servera i Martiniglas med jordgubbarna och förvara i kylen tills det tjocknat.

LURA

Det kan också göras med vilket sött vin som helst och med röda frukter.

FRITERAD

INGREDIENSER

150 g mjöl

30 g smör

250 ml mjölk

4 ägg

1 citron

BEHANDLING

Koka upp mjölken och smöret med citronskalet. När det kokar tar du bort skinnet och tillsätter mjölet på en gång. Stäng av värmen och rör om i 30 sekunder.

Återgå till värmen och rör om i ytterligare en minut tills degen fastnar på sidorna av behållaren.

Häll degen i en salladsskål och tillsätt äggen ett och ett (lägg inte på nästa förrän det föregående är väl integrerat i degen).

Bryn pannkakorna i små portioner med en spritspåse eller 2 skedar

LURA

Den kan fyllas med grädde, grädde, choklad osv.

COCA DE SAINT JEAN

INGREDIENSER

350 g mjöl

100 g smör

40 g pinjenötter

250 ml mjölk

1 påse bakpulver

Skal av 1 citron

3 ägg

socker

salt

BEHANDLING

Sikta mjölet och bakpulvret. Blanda och gör en vulkan. Lägg skalet, 110 g socker, smör, mjölk, ägg och en nypa salt i mitten. Knåda väl tills degen inte fastnar på händerna.

Kavla ut med en kavel tills du får en tunn rektangulär form. Lägg dem på en plåt och låt dra i 30 minuter.

Måla colaen med ägget, strö över pinjenötter och 1 msk socker. Grädda i 200ºC i ca 25 min.

LURA

Den äts bäst kall. Ordna några bitar av kanderad frukt ovanpå innan du bakar. Resultatet är fantastiskt.

KUPP PÄRONKOMPOT MED MASCARPONE

INGREDIENSER

400 g päron

250 g mascarpone

50 g florsocker

50 g vitt socker

1 dl rom

½ tsk mald kanel

4 kryddnejlika

BEHANDLING

Skala och skär päronen. Lägg dem i en behållare och tillsätt spriten och kryddnejlika. Täck med vatten och koka i 20 minuter eller tills de är mjuka. Filtrera och mal.

Sätt tillbaka päronpurén på värmen med socker och kanel och koka i ca 10 minuter.

Bredvid blandar du mascarponen med florsockret.

Fördela den avsvalnade kompotten mellan 4 glas och lägg osten ovanpå.

LURA

Du kan tillsätta citronskal och några matskedar limoncello i mascarponeblandningen med florsocker. Resultatet är läckert.

FLÖDANDE AU CHOKLAD

INGREDIENSER

250 g couverture-choklad

250 g smör

150 g) socker

100g mjöl

6 äggulor

5 hela ägg

En skopa glass (valfritt)

BEHANDLING

Smält chokladen och smöret i mikron. Vispa under tiden äggulorna och äggen. Tillsätt äggen i chokladblandningen.

Sikta mjölet och blanda med sockret. Tillsätt chokladen och äggen och vispa.

Smöra och mjöla enskilda formar och fyll dem med föregående blandning upp till ¾ av deras kapacitet. Förvara i kylen i 30 min.

Värm ugnen till 200ºC och tillaga i minst 6 minuter. Den ska smältas på insidan och curdled på utsidan.

Servera varm, tillsammans med en kula glass.

LURA

Tillsätt en hackad banan och hasselnötsgrädden i blandningen. en fröjd

MOROT OCH OSTKAKA

INGREDIENSER

360 g mjöl

360 g socker

2 teskedar bakpulver

8 stora ägg

5 stora morötter

1 apelsin

Nötter

russin

mjukost

Florsocker

Solrosolja

BEHANDLING

Värm ugnen till 170°C.

Skala, hacka och koka morötterna tills de är väldigt mjuka. Blanda med äggen, saften av ½ apelsin, apelsinskalet, sockret och en klick solrosolja.

Blanda jästen med mjöl, socker och passera genom en sil.

Blanda degen med mjölblandningen. Tillsätt de hackade nötterna och russinen och blanda väl.

Smöra och mjöla en form. Häll i smeten och grädda i 45 minuter eller tills ett isatt spett kommer ut rent.

Låt svalna och lägg ett lager ost blandat med florsocker ovanpå.

LURA

Du kan även lägga till kanel, ingefära, kryddnejlika osv. Resultatet kommer att överraska dig.

Katalansk grädde

INGREDIENSER

200 g socker

45 g majsstärkelse

1 liter mjölk

8 äggulor

1 st kanel

Skal av 1 citron

BEHANDLING

Koka nästan all mjölk på svag värme med kanel och citronskal.

Vispa under tiden äggulorna med sockret och resten av mjölken utan att värmas upp.

Blanda den varma mjölken med äggulorna och koka på låg värme. Rör kontinuerligt med några stavar tills den första kokningen. Ta sedan av från värmen och fortsätt vispa i ytterligare 2 minuter.

Servera i terrakottagrytor och låt svalna. När du är redo att servera, strö sockret ovanpå och bränn det med en spade eller blåslampa.

LURA

Mjölk kan ersättas med horchata. Det finns en spektakulär horchata crème brûlée.

FATTIGA RIDDARE

INGREDIENSER

1 bit bröd, 3 eller 4 dagar

2 liter mjölk

3 ägg

skal av 1 citron

kanelstång

Kanelpulver

socker

Olivolja

BEHANDLING

Koka mjölken med kanelstången och citronskal med 3 msk socker. När det börjar koka, täck över och låt stå i 15 minuter.

Skär brödet i skivor och lägg det på en tallrik. Filtrera mjölken över det blötlagda brödet.

Låt den franska toasten rinna av, doppa den i det uppvispade ägget och bryn den på båda sidor. Ta bort från oljan, låt rinna av och häll i socker och kanel.

LURA

Du kan avsluta med 1 matsked sött vin på toppen.

TJOCK VANILJSÅS

INGREDIENSER

65 g socker

20 g majsstärkelse

250 ml mjölk

3 äggulor

BEHANDLING

Koka upp nästan all mjölk.

Blanda under tiden resten av mjölken med äggulor, socker och majsstärkelse. Blanda väl tills klumparna försvinner.

Tillsätt äggblandningen till den kokande mjölken. Vispa tills det kokar tillbaka och fortsätt att vispa kraftigt i ytterligare 15 sekunder.

Ta bort från värmen och vispa i ytterligare 15 sekunder. Låt svalna och förvara i kylen.

LURA

Det är basen för otaliga desserter, och dess variabler är nästan oändliga.

Coconut Peach Flan

INGREDIENSER

65 g riven kokos

½ liter mjölk

4 matskedar socker

4 ägg

4 persikohalvor i sirap

1 kastrull kondenserad mjölk

BEHANDLING

Koka på låg värme och utan att blanda en karamell med sockret. När den har fått en rostad färg, ta av från värmen. Dela i individuella flansar.

Blanda kokosen med kondenserad mjölk, ägg, persika och mjölk. Häll över kolan och låt koka i 35 minuter i 175°C eller tills en nål kommer ut ren.

LURA

Lägg i några bitar muffins i smeten.

VIT CHOKLAD OCH FRUKTFOND

INGREDIENSER

500 g vit choklad

100 g hasselnötter

¼ liter mjölk

¼ liter grädde

8 jordgubbar

2 bananer

BEHANDLING

Koka grädden och mjölken. Tillsätt chokladen från värmen tills den smält. Tillsätt de krossade hasselnötterna.

Skär frukten i vanliga bitar och lägg dem i en skål med chokladkrämen.

LURA

Om barnen inte vill äta det, blöt det med lite rom.

RÖDA FRUKTER I SÖTT VIN MED MINTA

INGREDIENSER

550 g röda frukter

50 g socker

2 dl sött vin

5 myntablad

BEHANDLING

Koka de röda frukterna, sockret, sött vin och myntabladen i en kastrull i 20 minuter.

Låt stå i samma behållare tills det svalnat och servera i individuella skålar.

LURA

Krossa och servera med glass och chocolate chip cookies.

INTXAURSALSA (NÖTKRÄM)

INGREDIENSER

125 g skalade valnötter

100 g socker

1 liter mjölk

1 liten kanelstång

BEHANDLING

Koka upp mjölken med kanel och tillsätt socker och krossade nötter.

Koka på låg värme i 2 timmar och låt svalna innan servering.

LURA

Den ska ha en konsistens som rispudding.

MERENGUÉ MJÖLK

INGREDIENSER

175 g socker

1 liter mjölk

skal av 1 citron

1 st kanel

3 eller 4 äggvitor

Kanelpulver

BEHANDLING

Värm mjölken med kanelstången och citronskalet på låg värme tills det börjar koka. Tillsätt genast sockret och koka i ytterligare 5 minuter. Ställ åt sidan och låt svalna i kylen.

När den är kall, vispa äggvitan till den blir hård och tillsätt mjölken med omslutande rörelser. Servera med mald kanel.

LURA

För en oslagbar granita, förvara den i frysen och skrapa den varje timme med en gaffel tills den är helt frusen.

KATTSPRÅK

INGREDIENSER

350 g bulkmjöl

250 g smörsalva

250 g florsocker

5 äggvitor

1 ägg

Vanilj

salt

BEHANDLING

Lägg smör, florsocker, en nypa salt och lite vaniljessens i en salladsskål. Vispa väl och tillsätt ägget. Fortsätt att vispa och tillsätt äggvitorna en efter en medan du fortsätter att vispa. Tillsätt mjölet på en gång utan att blanda för mycket.

Förvara krämen i ett munstycke med slät spets och gör remsor på cirka 10 cm. Slå plåten mot bordet så att degen breder ut sig och grädda i 200°C tills kanterna är gyllenbruna.

LURA

Tillsätt 1 matsked kokospulver till degen för att göra olika kattungor.

Apelsinkakor

INGREDIENSER

220 g mjöl

200 g socker

4 ägg

1 liten apelsin

1 på bakpulver

Kanelpulver

220 g solrosolja

BEHANDLING

Blanda äggen med socker, kanel och apelsinskal och juice.

Tillsätt oljan och blanda. Tillsätt det siktade mjölet och bakpulvret. Låt denna blandning sitta i 15 minuter och häll den i cupcakesformar.

Värm ugnen till 200°C och grädda i 15 minuter tills den är genomstekt.

LURA

Du kan lägga till chokladbitar i degen.

PORTROSTADE ÄPPLEN

INGREDIENSER

80 g smör (i 4 bitar)

8 matskedar portvin

4 matskedar socker

4 kottar

BEHANDLING

Skala äpplena. Fyll med socker och lägg smör ovanpå.

Koka i 30 minuter vid 175ºC. Efter denna tid, strö varje äpple med 2 matskedar portvin och koka i ytterligare 15 minuter.

LURA

Servera varm med en kula vaniljglass och ringla över saften de har släppt.

KOKT MARÄNG

INGREDIENSER

400 g strösocker

100 g florsocker

¼ liter äggvita

droppar citronsaft

BEHANDLING

Vispa äggvitorna i en bain-marie med citronsaft och socker tills den är väl vispad. Ta bort från värmen och fortsätt vispa (när den svalnar kommer marängen att tjockna).

Tillsätt florsockret och fortsätt vispa tills marängen är helt kall.

LURA

Den kan användas för att täcka tårtor och göra dekorationer. Överskrid inte 60ºC så att äggvitan inte stelnar.

GRÄDDE

INGREDIENSER

170 g socker

1 liter mjölk

1 msk majsstärkelse

8 äggulor

skal av 1 citron

Kanel

BEHANDLING

Koka upp mjölken med citronskalet och hälften av sockret. Täck så fort det kokar och låt det vila från värmen.

Vispa sedan äggulorna i en skål med det återstående sockret och majsstärkelsen. Tillsätt en fjärdedel av den kokta mjölken och fortsätt röra.

Tillsätt äggulublandningen till den återstående mjölken och koka under konstant omrörning.

När det först kokar, vispa med en visp i 15 sekunder. Ta av från värmen och fortsätt vispa i ytterligare 30 sekunder. Häll av och låt svalna. Strö över kanel.

LURA

För att göra en smaksatt vaniljsås – choklad, krossade kex, kaffe, riven kokos, etc. - Rör bara ner önskad smak från värmen och medan den är varm.

PANNA COTTA LILA GODIS

INGREDIENSER

150 g) socker

100g lila godis

½ liter grädde

½ liter mjölk

9 blad gelatin

BEHANDLING

Fukta gelatinbladen med kallt vatten.

Värm grädde, mjölk, socker och karameller i en kastrull tills det smält.

När det är av värmen, tillsätt gelatinet och blanda tills det är helt upplöst.

Häll upp i formar och ställ i kylen i minst 5 timmar.

LURA

Du kan variera detta recept genom att inkludera kaffegodis, karameller osv.

CITRUSCOOKIES

INGREDIENSER

220 g mjukt smör

170 g mjöl

55 g florsocker

35 g majsstärkelse

5 g apelsinskal

5 g citronskal

2 matskedar apelsinjuice

1 matsked citronsaft

1 äggvita

Vanilj

BEHANDLING

Blanda mycket långsamt ihop smör, äggvita, apelsinjuice, citronsaft, citrusskal och en nypa vaniljessens. Blanda och tillsätt det siktade mjölet och majsstärkelsen.

Lägg degen i en spets med en lockig spets och rita 7 cm ringar på bakplåtspappret. Koka i 15 minuter i 175°C.

Strö kakorna med strösocker.

LURA

Tillsätt malda kryddnejlika och ingefära i pastan. Resultatet är utmärkt.

MANGAPASTER

INGREDIENSER

550 g bulkmjöl

400 g mjukt smör

200 g florsocker

125 g mjölk

2 ägg

Vanilj

salt

BEHANDLING

Blanda mjöl, socker, en nypa salt och ytterligare en av vaniljessens. Tillsätt de inte för kalla äggen ett i taget. Fukta med den lite ljumma mjölken och tillsätt det siktade mjölet.

Lägg degen i en hylsa med igelkottsspets och häll upp lite på bakplåtspapper. Koka i 180°C i 10 min.

LURA

Du kan lägga till lite granulerad mandel på utsidan, doppa dem i choklad eller fästa körsbären på den.

VIN POCHERADE PÄRON

INGREDIENSER

300 ml av ett gott rött vin

250 g socker

4 päron

1 st kanel

1 citronskal

1 apelsinskal

BEHANDLING

Gör en sirap i en kastrull med ½ liter vatten och sockret. Koka på låg värme i 15 minuter. Efter denna tid, tillsätt vin, citrusskal och kanel.

Skala päronen och fräs dem i vinet, täckt, i 20 minuter eller tills de är mjuka. Ta av från värmen och låt dem svalna i vätskan.

LURA

Den kan göras med passito, vitt vin och till och med lambrusco.

ALASKA PAJ

INGREDIENSER

Soletillakex (se avsnittet Desserter)

100 g socker

8 äggvitor

300 g blockglass

100 g frukt i sirap

BEHANDLING

Gör en sockerkaka och låt svalna.

Förbered en sirap med 200 ml vatten och 50 g socker. Koka i 5 minuter på medelhög värme.

Vispa de 8 äggvitorna stela och när de nästan är fasta, tillsätt resten av sockret.

Häll gradvis sirapen över äggvitorna, vispa hela tiden. Fortsätt vispa tills marängen inte längre är varm.

Lägg den frysta glassen ovanpå kakan och frukten ovanpå glassen. Täck med marängen och koka i 1 minut på hög temperatur tills ytan är gyllenbrun.

LURA

Sätt ihop och grädda kakan i sista minuten. Temperaturkontrasten kommer att överraska dig. Tillsätt en nypa salt i äggvitorna för att göra marängen mer stabil.

PUDDING

INGREDIENSER

300 g socker

1 liter mjölk

8 ägg

Desserter (muffins, fyllda croissanter, etc.)

Vinäger

BEHANDLING

Förbered karamellen med 100 g socker, 1 glas vatten och en droppe vinäger. Så fort den börjar få färg, ta av från värmen och ställ åt sidan.

Vispa äggen med resten av sockret och mjölken (det ska inte skumma, om det kommer ut något, ta bort det).

Häll kolan i botten av en form. Häll sedan i äggblandningen, lägg i bakverken och låt dem dra.

Koka bain-marie i 170°C i 45 minuter eller tills en nål som sticks in i mitten av korven kommer ut torr. Låt den svalna innan du äter den.

LURA

Tillsätt några chokladpärlor i degen innan gräddningen. När den väl smält ger den en utsökt smak.

TOMATKROSSAR

INGREDIENSER

1 kg tomater

120g lök

2 vitlöksklyftor

1 kvist rosmarin

1 kvist timjan

socker

1 dl olivolja

salt

BEHANDLING

Skär lök och vitlök i små bitar. Bryn försiktigt i 10 minuter i en panna.

Skär körsbärstomaterna och lägg dem i pannan med de aromatiska örterna. Koka tills tomaterna tappar allt vatten.

Salta och justera sockret om det behövs.

LURA

Den kan förberedas i förväg och förvaras i kylen i en lufttät behållare.

ROBERTO SÅS

INGREDIENSER

200 g vårlök

100 g smör

½ liter nötbuljong

¼ liter vitt vin

1 matsked mjöl

1 matsked senap

Salt och peppar

BEHANDLING

Bryn den hackade löken i smöret. Tillsätt mjölet och koka försiktigt i 5 minuter.

Öka värmen, tillsätt vinet och reducera till hälften under konstant omrörning.

Tillsätt buljongen och koka i ytterligare 5 minuter. När den är av värmen, tillsätt senap och smaka av med salt och peppar.

LURA

Perfekt att åtfölja fläsk.

ROSA SÅS

INGREDIENSER

250 g majonnässås (se avsnittet Buljonger och såser)

2 matskedar ketchup

2 matskedar konjak

½ apelsinjuice

Tabasco

Salt och peppar

BEHANDLING

Blanda majonnäs, ketchup, konjak, juice, en nypa tabasco, salt och peppar. Vispa väl tills du får en slät sås.

LURA

För att göra såsen mer homogen, tillsätt ½ matsked senap och 2 matskedar flytande grädde.

FISKVÄSKA

INGREDIENSER

500 g vita fiskben eller huvuden

1 dl vitt vin

1 kvist persilja

1 purjolök

½ liten lök

5 pepparkorn

BEHANDLING

Lägg alla ingredienser i en kastrull och täck med 1 liter kallt vatten. Koka på medelvärme i 20 minuter utan att sluta skumma.

Sila, överför till en annan behållare och förvara snabbt i kylen.

LURA

Salta inte förrän du är redo att använda, eftersom det är mer sannolikt att det förstörs. Det är basen för såser, risrätter, soppor etc.

TYSK SÅS

INGREDIENSER

35 g smör

35 g mjöl

2 äggulor

½ liter buljong (fisk, kött, fågel, etc.)

salt

BEHANDLING

Bryn mjölet i smöret på låg värme i 5 minuter. Tillsätt buljongen på en gång och koka på medelvärme i ytterligare 15 minuter under konstant omrörning. Krydda med salt.

Ta av från värmen och fortsätt vispa, tillsätt äggulorna.

LURA

Värm inte för mycket för att inte koagulera äggulorna.

MODIG SÅS

INGREDIENSER

750 g stekta tomater

1 litet glas vitt vin

3 matskedar vinäger

10 råa mandlar

10 chilipeppar

5 skivor bröd

3 vitlöksklyftor

1 lök

socker

Olivolja

salt

BEHANDLING

Bryn hela vitlöken i en panna. Ta bort och reservera. Bryn mandeln i samma olja. Ta bort och reservera. Stek brödet i samma panna. Ta bort och reservera.

Bryn den finhackade löken i samma olja med chilipeppar. När den har kokat, blöt den med vinägern och glaset vin. Låt reducera i 3 minuter på hög värme.

Tillsätt tomat, vitlök, mandel och bröd. Koka i 5 minuter, blanda och tillsätt vid behov salt och socker.

LURA

Kan frysas i individuella istärningsbrickor och endast användas vid behov.

FONDANTBULJON (KYCKLING ELLER NÖTKÖTT)

INGREDIENSER

5 kg nötkött eller kycklingben

500 g tomater

250 g morötter

250 g purjolök

125 g lök

½ liter rött vin

5 liter kallt vatten

1 del av insatser

3 lagerblad

2 timjankvistar

2 kvistar rosmarin

15 pepparkorn

BEHANDLING

Koka benen i 185°C tills de är lätt rostade. Lägg de rengjorda grönsakerna skurna i medelstora bitar i samma panna. Bryn grönsakerna.

Lägg ben och grönsaker i en stor gryta. Tillsätt vin och örter och tillsätt vattnet. Koka i 6 på låg värme, skumma då och då. Häll av och låt svalna.

LURA

Det är grunden för många såser, grytor, risottos, soppor, etc. När buljongen är kall förblir fettet stelnat på toppen. Detta gör det lättare att ta bort.

PICON MOJO

INGREDIENSER

8 matskedar vinäger

2 teskedar spiskummin

2 teskedar söt paprika

2 vitlökhuvuden

3 cayennepeppar

30 matskedar olja

grovt salt

BEHANDLING

Slå alla fasta ingredienser, utom paprikan, i en mortel för att göra en pasta.

Tillsätt paprikan och fortsätt att blanda. Tillsätt gradvis vätskan tills du får en slät, emulgerad sås.

LURA

Perfekt att åtfölja den berömda skrynkliga potatisen och även för grillad fisk.

PESTO SÅS

INGREDIENSER

100 g pinjenötter

100 g parmesan

1 knippe färsk basilika

1 vitlöksklyfta

söt olivolja

BEHANDLING

Slå ihop alla ingredienserna utan att lämna dem helt homogena för att se pinjenötternas knaprighet.

LURA

Du kan byta ut pinjenötterna mot valnötter och basilikan mot färsk ruccola. Den är ursprungligen gjord med murbruk.

SÖTSUR SÅS

INGREDIENSER

100 g socker

100 ml vinäger

50 ml sojasås

Skal av 1 citron

Skalet av 1 apelsin

BEHANDLING

Koka socker, vinäger, sojasås och citrusskal i 10 minuter. Låt svalna innan användning.

LURA

Det är det perfekta tillbehöret till vårrullar.

GRÖN MOJITO

INGREDIENSER

8 matskedar vinäger

2 teskedar spiskummin

4 bollar grönpeppar

2 vitlökhuvuden

1 knippe persilja eller koriander

30 matskedar olja

grovt salt

BEHANDLING

Blanda alla fasta ämnen till en pasta.

Tillsätt gradvis vätskan tills du får en slät, emulgerad sås.

LURA

Den kan enkelt förvaras täckt med genomskinlig film, kyld i kylen i några dagar.

BÉCHAMELSÅS

INGREDIENSER

85 g smör

85 g mjöl

1 liter mjölk

Muskot

Salt och peppar

BEHANDLING

Smält smöret i en kastrull, tillsätt mjölet och låt koka på svag värme i 10 minuter under konstant omrörning.

Tillsätt mjölken på en gång och koka i ytterligare 20 minuter. Fortsätt blanda. Krydda med salt, peppar och muskotnöt.

LURA

För att undvika klumpar, koka mjölet med smöret på låg värme, under konstant omrörning, tills blandningen nästan blir flytande.

JÄGARSÅS

INGREDIENSER

200 g svamp

200 g tomatsås

125 g smör

½ liter nötbuljong

¼ liter vitt vin

1 matsked mjöl

1 ny lök

Salt och peppar

BEHANDLING

Bryn den finhackade gräslöken i smöret på medelvärme i 5 minuter.

Tillsätt den rengjorda och kvartade svampen och öka värmen. Koka i ytterligare 5 minuter tills det inte finns mer vatten. Tillsätt mjölet och koka i ytterligare 5 minuter under konstant omrörning.

Tillsätt vinet och låt det avdunsta. Tillsätt tomatsåsen och nötbuljongen. Koka i ytterligare 5 minuter.

LURA

Förvara i kylen och bred en lätt smörfilm ovanpå så att det inte bildas en skorpa på ytan.

AIOLI-SÅS

INGREDIENSER

6 vitlöksklyftor

Vinäger

½ liter lätt olivolja

salt

BEHANDLING

Krossa vitlöken med saltet i en mortel tills du får en pasta.

Tillsätt gradvis oljan, rör hela tiden med mortelstöten tills du får en tjock sås. Tillsätt en skvätt vinäger till såsen.

LURA

Om du tillsätter 1 äggula när du pressar vitlöken är det lättare att göra såsen.

www.ingramcontent.com/pod-product-compliance
Lightning Source LLC
Chambersburg PA
CBHW071858110526
44591CB00011B/1461